奔海

台灣智庫

20

年

石牧民、王聖芬——著

林佳龍——總策畫

3　台灣智庫 20 週年論壇活動照（2021.11.23）

台灣智庫20週年論壇
2032國家新願景
Cross-generation Dialogues for Taiwan's New Vision toward 2032
跨世代對話

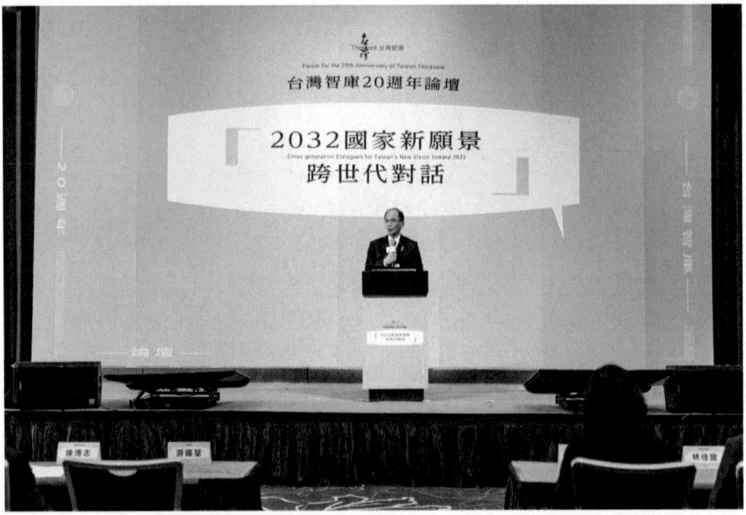
台灣智庫20週年論壇
2032國家新願景
跨世代對話
20週年
台灣智庫
論壇

5　台灣智庫 20 週年論壇活動照（2021.11.23）

台灣智庫20週年論壇
2032國家新願景
跨世代對話

7　台灣智庫 20 週年論壇活動照（2021.11.23）

台灣智庫20週年論壇
2032國家新願景
跨世代對話
陳博志

2032 國家新願景、跨世代對話
台灣智庫20週年論壇
2032國家新願景
跨世代對話

序　台灣智庫二十年——堅定腳步，守護民主

林佳龍
台灣智庫共同創辦人

台灣智庫走過二十個年頭，我們滿懷感謝的心情回顧一同走過的日子。台灣智庫因第一次政黨輪替而生，成為知識分子與權力者對話的平台。我們提出過改變台灣的政策、批判過當權者的謬誤，也參與承擔執政的責任。二十年過去，台灣的民主制度縱仍有未竟之處，但已然逐漸成熟。進出台灣智庫的夥伴不計其數，他們多仍在學界、政界，以知識及良心灌溉民主的良田。而已經離開我們的林鐘雄董事長、陳河東董事、龔照勝董事、胡勝正院士、黃天麟顧問、陳必照顧問，汪平雲律師

及林繼文教授，他們的俠骨仁心常在，我們心中無限尊敬與思念。

當然，相較於漫長的台灣歷史，二十年的時間只是微小的片段；但二十年的歲月，也已夠讓幼兒成長求知，並以首投族之姿參與政治。二〇二一年十二月，台灣智庫正式成立滿二十年。回首過去，有笑有淚、有甜有苦，《奔海》，就是紀錄智庫二十年間，如何悠游深潛於台灣的民主長河之中。

這本記載台灣智庫歷史的冊子在即將成書之際，編輯小組仍為書名苦思良久。我們想起游錫堃院長常引用的〈桂源鋪〉中之詩句：

萬山不許一溪奔，
攔得溪聲日夜喧。

到得前頭山腳盡，
堂堂溪水出前村。

這也是中國最具代表性知識分子胡適先生，當年寫給在獄中的雷震先生之生日賀詞。一九六〇年，雷震先生因主編《自由中國》，持續發表支持言論自由外，更倡議組黨是不可抵擋的民主潮流。擲地有聲的浩然正氣，最終觸怒國民黨當局，遭粗暴灌上叛亂罪入獄。台灣追求民主的過程，不正如溪水，雖有萬山阻攔，然溪水奔騰向前，最終匯集大海。因此，我們將書名定為《奔海》，一方面記述台灣民主掙扎前行的歷史，另一方面也象徵台灣智庫堅守知識交流平台的角色，期盼民主之河蜿蜒流淌，所經之處皆成為開花滿穗的沃土。

翻開《奔海》目錄，讀者可發現我們記錄的不僅是智庫的二十年歷史，而是從一九八〇年代起寫到二〇二一年，長達四十年的時間跨度。後美麗島事件的一九八〇年代，是邁向民主轉型前的黑暗期，國際上，台灣剛經歷退出聯合國、台美國斷交的重大生存危機；內政上，腥風血雨的政治暗殺活動，越發使威權統治的國民黨不得人心。在內外交迫之下，民進黨突破重圍於圓山飯店成立，讓政黨政治得以在台灣深根。然而，民主運動走得並不平穩，一九九〇年代歷經國民黨二月政爭、野百合運動、國代擴權、直轄市長選舉、台海飛彈危機與台灣第一次總統直選，台灣人的民主意識與本土認同，在一次又一次波瀾壯闊的內外激盪下逐漸成型。但協商式民主轉型的過程中，也讓台灣必須以分期付款的方式，至今仍在償還民主欠款。

風起雲湧的一九九〇年代，對台灣智庫的奠基至關重要，許多野百合學運世代紛紛負笈海外求取新知，回國後也有許多夥伴加入台灣智庫的行列。我在赴美留學期間，透過創立「北美洲台灣研究會」除了積極將台灣研究推向世界，也緊密結合海外關心台灣研究的人才，十分感謝我們這些留學生的奔走，獲得黃煌雄前輩所帶領的台灣研究基金會支持響應。至今，「北美洲台灣研究會」已經舉辦三十多屆論文發表年會。留學期間，透過參與聯合國研究計畫以及與美日智庫的交流合作經驗，讓我深刻體認到這些國外智庫作為平台，聚集人才、創出政策的重要性，於是興起在台灣成立屬於本土陣營智庫的念頭。

二〇〇〇年台灣迎來第一次政黨輪替，初嘗權力果實的民進黨，苦於人才稀缺與執政經驗不足。因緣際會，我與當時玉山銀行林鐘雄董事長共同發起，創立了財團法人台灣智庫。台灣智庫可說是興於中研院李遠哲院長召集的國政顧問團，林鐘雄董事長與許文龍董事長皆為顧問團成員，對於創辦智庫的理念給予有力支持。林鐘雄董事長也是台灣大學經濟系教授，台灣智庫遂成為第一個以台灣為名的智庫，結合學界及企業界良知，所組而成的本土派第一個綜合型智庫，由佳龍任第一位執行長，十分感謝翁仕杰擔任執行秘書，自二〇〇〇年開始籌備奔走，為第一個以台灣為名的智庫奠下根基。爾後有郭建中、鄭麗君、黃玉霖、莊國榮及呂曜志承擔執行長大任，都是撐起台灣智庫重要的靈魂人物。

二十年間，智庫致力於民主鞏固、國防外交、金融財政、法政憲改、教育改革、社會人文與產經農業等議題與政策研究，舉辦過無數場學術論壇、民調記者會、電視辯論，以及街頭抗議活動，參與影響國家政策的擬定。我要藉此機會深深感謝林鐘雄、許文龍、李遠哲、殷琪、陳博志、吳榮義、高志尚、許志雄以及蕭新煌等前輩，對於後進晚生默默提攜、囑咐、叮嚀與支持。他們皆已為台灣奉獻一生志業，我輩應接力前行。

從《奔海》一書中所記載的內容，我們知道當社會上爭議八吋晶圓廠是否前往中國，台灣智庫舉辦論壇，讓雙方就晶圓廠留台或赴中進行辯論，最終成功的把先進製程留在台灣，避免日後台灣產業鏈被中國掏空。又如台美日三方對話，智庫擁有眾多具備國際外交經驗的學者，又受到陳水扁政府的信任，因此參與推動具高度戰略意義的三方對話。在民進黨第一次執政後期，本土政權風雨飄搖之際，智庫也善盡與台灣社會對話的責任，諸如針對中國反分裂法的抗議活動、對台灣主權與國家定位的研討、邀請各國學者分享公投民主以及轉型正義經驗與反思，皆有台灣智庫知識界的重量批判。

二〇〇八年，馬英九就任總統後，開啟一連串傾中政策。智庫在此時針對媒體壟斷、ECFA、兩岸服貿與貨貿、稅制與經濟成果分配、核能安全議題、太陽花學運，亦有相關討論與因應活動。我們批判當權者的全面傾中路線，不但嚴重傷害台灣經濟利益，也可能斷送台灣民主前途。那些年，知識分子聚集在此，憂心忡忡，振筆疾書，要阻止馬政府荒誕的兩岸政策禍及世代子孫。

二〇一六年後，蔡英文當選總統，並於二〇二〇年順利連任，這是台灣的本土政黨重新獲得民眾託付權力的象徵。此時，智庫並沒有減緩研究政策與回應議題的能量。除持續進行台美日三方會談、重視產業與國防外交議題外，也在二〇二〇年李前總統逝世後，規劃一系列的「李登輝學」相關活動。透過對李登輝先生作為一個個人、作為一個體制，以及作為一個時代的體系性討論，希望能帶動世代之間的對話，探討我們所共同面對的時代課題。

二十年來，台灣智庫集結有志之士智慧，鞏固民主發展，也推動政策革新。我在大台中市政的治理擘劃，也有賴諸多朋友在數不盡的夜晚挑燈研議。二十年間，與台灣民主相關的議題戰場，智庫幾乎無役不與。從這些大事紀中可見，台灣的本土化、自由化與民主化過程，台灣智庫有幸參與，也欣喜能有所貢獻，而與知識界朋友的討論或辯論，早成為不可或缺的日常。

在寫作與編輯《奔海——台灣智庫20年》的過程中，偶想起台大文學院臺靜農教授常說的「人生實難，大道多歧」。正因為台灣民主之路又難又歧，我們必須持續培養足夠的人才，讓年輕一輩持續接力，才能在奔騰的時代裡持續鞏固民主發展。

台灣智庫過去二十年所積累的成果，是為迎向下一個二十年預作準備。這本《奔海》是智庫集合各界的心血結晶，所有參與過台灣智庫的夥伴都貢獻其中，沒有你們，就沒有台灣智庫。非常感謝兩位作者石牧民與王聖芬細心整理這些足跡。我們期盼台灣智庫在與眾人一同奔流向海、匯聚成洪時，透過共同討論，持續幫助台灣凝聚共識；透過知識匯流，繼續創造出屬於台灣人的幸福！讓我們繼續堅定腳步，守護民主。

序　感謝以知識和思考推動國家發展的朋友們

陳博志
台灣智庫榮譽董事長

能思考和累積知識是人類和其他動物最主要的差別。一般生物是因DNA的改變而演化，但知識累積使得人類即便DNA不變也能持續進步。如今人類知識已多到沒有人能全部瞭解，而要仰賴專業分工和有系統地介紹，與公共事務有關的知識更因為涉及不同的理念和私利，而常有一般人民甚至政府難以明辨是非的多元主張存在。因此，先進民主國家常會設有各種智庫對於政策相關的知識進行深入的研究、整理和說明，以供人民參考，並導正公共政策的方向，同時也為社會聚集和培養更多相關的人才。

台灣智庫二十年來堅守這樣的目標，積極以民主和科學的精神研究，提出國家發展方向和策略的主張，強力批判各種可能危害國家人民的邪說和政策，並號召及培養眾多人才共同行動。能堂堂流出前村而奔向大海的河川，是由無數點點雨滴匯集而成的。朋友們平時散居各處，各有工作，必要時卻能馬上集結成堅強的部隊，這就是台灣智庫的丐幫精神。二十年來，許多朋友為台灣智庫出錢出力，我們欠很多人很多個感謝。大家的努力與貢獻或許無法全部記錄在這本書中，但將會記錄在台灣的歷史上。

序　永遠的丐幫精神

呂曜志
台灣智庫執行長

二〇〇六年五月二十七日，我完成美國的經濟學博士學位後回台，六月一日進入台灣經濟研究院研究二所服務，負責研究台灣與東亞國家的產業競爭趨勢與產業政策比較。由於工作上，我需要對台經院龔明鑫副院長負責，並經常向院顧問陳博志教授（老師）請益，過沒多久，有天陳博志老師就對我說：「如果有興趣，也許白天台經院的工作結束之後，晚上可以來參加台灣智庫的政策討論，應該會對你有幫助。」

這個邀請，可以說影響了我的一生，讓我進入到台灣智庫這個大家庭，這個陳老師口中所形容的：「丐幫」。

為什麼形容台灣智庫是「丐幫」？因為來開會的人，基本上僅有微薄的出席費，跟一盒便當，甚至很多人還不領那個出席費，只求來這裡，跟其他優秀人才進行思辨與對話，而且不是來攀關係，看看哪天自己可以因此飛黃騰達。於是乎，小南門奇美大樓八樓舊智庫的大會議室，在那張桌子上，我深深體會到，什麼叫做「知識之前，人人平等，不論身分，共赴國難」，我認為這十六個字，代表了台灣智庫的精神，以及它的組織文化。

我記得當年在金融論壇裡，我是年紀最小的，但多位公營行庫的資深董事長，願意傾聽我的見解；在財經論壇裡，當年每一位成員都是經濟學界與產業界的前輩，但大家有志一同，思考政策的良莠與國家的未來，監督政府，批評時政，那無數的夜晚，走在小南門的路上，我感受到生命是踏實且豐腴的。

我想，一個先進且成熟的民主國家，除了有效率的政府與有成熟民主素養的國民之外，第三部門始終是最重要的橋樑。而台灣因為特殊的處境與地位，國家發展與民主深化的挑戰非常多，作為一個台灣人來看台灣的前途，從來都不是一件簡單的事情，所以一定要有一群人，站出來，建立一個強而有力並且兼容並蓄，不為個人理念，不為派系利益，不為單一黨派立場服務，扮演「大平台」的智庫存在，才能夠凝聚更多共識。《奔海——台灣智庫20年》這本書，闡述並見證了這個理念。

在這值得回顧與展望之際，除出版這本書之外，我們也透過系列訪談，拍攝回顧與展望影片，舉辦週年論壇，並同時發起「挑戰二〇三二計畫」，啟動世代對話，透過思想坦克與系列座談會的方式，在此台灣關鍵時刻，再度提出關鍵議題，號召有志之士，共商國是。

回首過去二十年的時間軸，我有幸留下四分之三的足跡。智庫今年搬了新家，有了年輕化的執委會成員與團隊，也規劃了許多擴大社會連結與參與的計畫。一棒接一棒，傳承與開拓，未來二十年一定會有更多優秀的年輕人才加入，如同當年三十歲的我，跟那群和我一起走到今天，走向未來的夥伴們。

未來，不論我們在哪裡，我們的生命中永遠有台灣智庫，如同這二十年來，有眾多的前輩與夥伴開枝散葉，在各個崗位，共同為台灣前途打拚，但智庫，永遠是大家的智庫，我們的青春歲月，與對台灣的愛，早已深刻在那張舊智庫大會議室的桌子上。

作者序

石牧民

這是一本在防疫三級警戒中完成的書。我是戴著護目鏡、面罩出席在台灣智庫的第一次編輯會議的。捷運系統和西門町的街道風聲鶴唳底冷清。而本書脫稿時，國外媒體正在報導：台灣恐怕擊退疫情蔓延了，又一次！

闗闗難過闗闗過。說一個驚濤駭浪中抓穩船舵逆風前行的故事，再沒有比這更適切的背景了。台灣智庫的歷史與台灣當代的歷史緊緊相繫。而這個故事，說穿了，就是一群志士懷抱著功成不必在我的悲願，護持支援著所熱愛著的土地、人，與國家。志士裡有學生運動者、經濟學家、外交人員、政治工作者、媒體記者……。四十年來，他們的身分流轉、替換，總是其志不改。我是在台灣智庫的志士們的拚鬥中成長起來的世代，能夠為志士們的故事代筆，我深深感到幸福，也莫名地感恩。若有遺憾，那是因為他們所完成的事蹟，亮度與價值之燦然，超過我的文筆千百倍。

感謝寫作過程中撥冗接受訪談的前輩、老師、志士們。也很抱歉，如果你們在受訪過程中發現我比較像個迷妹而忘記我的職責。感謝蔡其達主編的邀請，以及呂曜志執行長大力支持。更感謝共筆的聖芬。當年各自不服私校管教，現在一起說一個叛逆的故事，我感到無比榮幸。

作者序

王聖芬

三級防疫警戒發布不久，我資遣了當時的主管。幾天後，其達大哥找到我，告知台灣智庫二十週年計畫，並詢問我有無參加意願。我思考三天就答應了。

首次編輯會議是六月底，戴著口罩、手裡握著酒精噴瓶，惴惴不安前往萬華長沙街的智庫辦公室，在那邊第一次見到未來幾個月的合作夥伴石牧民。會議結束時，外頭大雨傾盆，我懷抱滿袋資料回家，這份重責大任壓得我心裡沉甸甸的，不知如何開始寫作。

讀完資料，短時間內四十年的跨度不算輕鬆，幸好在訪問了林佳龍、陳博志、吳介民、賴怡忠、郭建中、鄭麗君、莊國榮等前輩後，內容逐漸長大豐富，疫情則和寫作進度出現黃金交叉，慢慢消風。逐漸成書到交稿，以渺小之軀、有涯之生，成就海洋國家的無限風景，這也算是一點點微薄的貢獻吧？

如同書名所述，這是台灣智庫二十年的心血結晶，但又不只是智庫，而是融入全體台灣人的共同努力、共感與記憶，是你們讓這本書變得精采可期。謝謝在寫作過程中撥出時間受訪的前輩們，我有時太緊張不知道說什麼好，那是因為我是你們的小迷妹，心中默默地開小花。謝謝其達大哥邀請，加入台灣智庫二十年寫作計畫，還有歷任執行長的配合與支持。更感謝牧民學長，原來我們曾經讀過同一所中學，而且各自在畢業後，反省看似多元實則威權的私校教育，一起書寫訪問，一定是某種天啟。

《奔海》的成書與內容就像在風雨中掙扎前行，這就是台灣哪！謝謝台灣人。

編輯室手記

適值美中對峙、COVID-19肆虐全球，台灣在危殆中關關難過關關過，然後迎來台灣智庫二十周年誌慶。

二十年說短不短，它承載的是過往四十年台灣民主路的開創、化危、續行，所以在籌備智庫二十周年活動之際，自始都參與智庫發展的智庫共同創辦人林佳龍即提示，有必要以文字和圖片記載成書。

現任執行長呂曜志在接獲任務後，迅速與《思想坦克》總編輯蔡其達協商出版大計。而後由蔡其達邀請石牧民、王聖芬兩位文筆佳、有想法的年輕人，經歷多次會議，底定時代框架、細目編排後，就上天入地資料搜集、人物採訪、著手撰寫，從八〇年代一路寫到二〇二一，扣緊時代脈絡，也在其中凸顯智庫特色。

石牧民撰寫部分為：第一章「黨國勢消／民間社會崛起」、第五章「溫水煮青蛙」、第六章「民力大反撲」、第七章「全面執政，顛簸四起」。

王聖芬則負責：第二章「李登輝與第二共和」、第三章「初次執政，龍困淺灘」、第四章「進退維谷的本土派」。

另，智庫副執行長董思齊提供補遺，同仁趙哲儒主搜照片影像，行政部高家楨、陳宜聆於資料、照片、聯繫訪談多所助益，式此一併致謝！

目次

Contents

ch2 李登輝與第二共和

ch3 初次執政，龍困淺灘

ch4 進退維谷的本土派

ch5

溫水煮青蛙

ch6

民力大反撲

ch7

全面執政，顛簸四起

附錄

2002年智庫成立茶會

1 智庫的創會董事長林鐘雄教授

2 2002.8，智庫美日台會議（台北回合），陳必照顧問留影

2002年智庫成立茶會

1　2002.09.26，金融改革座談會
2　2004.02.06，公投經驗研究研討會

1 1,2 2007年，轉型正義經驗比較國際研討會
2 3 2009.06.28，ECFA公投
3

1 2010.06.04，「誰是扼殺台灣公投民主的坦克車」

2 2010.05.15，「黑箱有理？獨裁開放？——兩岸協議的民主監督」

3 2011.04.17，「破『稅』的正義」（思想坦克論壇）

4 2010.07.31，蘇貞昌「問政下午茶」

1 2 1,2 2011.06.19，台灣智庫十週年研討會

3 4 3 2011.06.16，台灣智庫十週年募款餐會

4 2016.01.18，總統大選選後國際座談會

1 2017.08.18，建構亞太新局下台美關係新架構國際論壇

2-4 2017.04.26，台美科技經貿論壇

2017.10.07台中崛起與國家均衡發展研討會

1 2018.10.07，「產業創新與創業論壇高峰會」

2 2018.05.19，思想坦克「讓想像力奪權！Mai68風暴與318運動對話」

3 2018.12.02「建構印太新局下台美關係新架構」國際論壇

1 2020.11.15，【李登輝學系列座談會 I 】國際兩岸：台海危機的今昔與台灣的選擇

2 2020.11.28，【李登輝學系列座談會 II 】憲政改革：六次憲改與台灣當前憲政課題

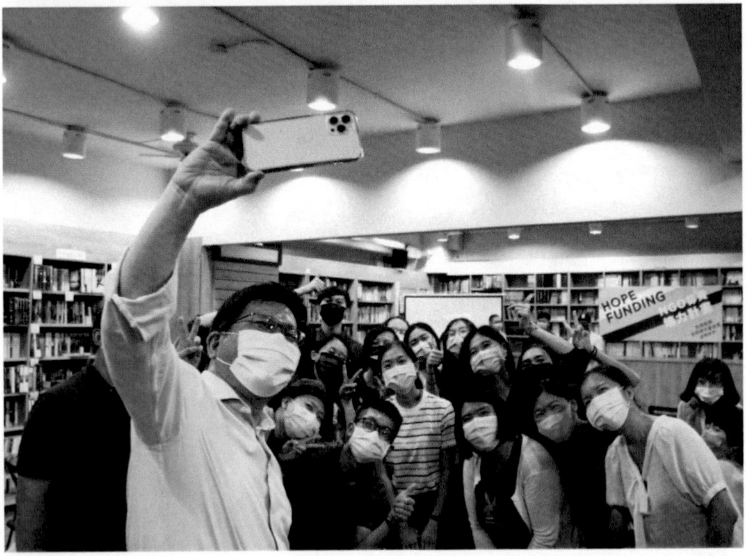

1 1 2021.01.15-16，【時代的課題X世代的對話】李登輝學研討會
2 2 2021.08.21，NGO募資工作坊開幕式

1 2003年，美日台第三回合（華府）
2 2002.08，美日台戰略對話（台北）

1 1 2011.04.27，印度代表來拜會智庫
2 2 2012.04.12，日本交流協會拜會智庫

1　1　2012.05.10，AIT與前國防部長蔡明憲拜會
2　2　2012.09.28，和平基金會－上海台灣研究所拜會

1　1　2013.07.24-25，第二屆亞太區域發展暨城市治理論壇
2　2　2014.05.30，新加坡學者座談

1 1 2016.04.26，台美日三方安全對話會議
2 2 2017.06.04-08台美日三方安全對話第三階段美國回合（夏威夷）

我們的共識：
自主選擇權不容剝奪
Freedom
and Peace

財經議題暨總統大選民調發表
記者會

徐永明
陳明通

公投
全民參與
台灣首次公投

1 2012.04.16，「馬政府稅改玩真的——檢視財政部證所稅方案」記者會
2 2005年，反反分裂法國際記者會
3 2004.02.23，財經議題暨總統大選民調
4 2010.07.21，「ECFA來了，燕子也會來」記者會
5 2007.01.14，憲改民調座談會
6 2003年，公投民主記者會

1 2
3

1 2016.06.21英政府執政滿月暨民生議題民調記者會
2 2016.06.03英政府時代食安與衛環議題民意訪查民調記者會
3 2014.11.30，解讀九合一選舉結果記者會

Chapter

1

1980 年代

黨國勢消／民間社會崛起

遲滯的台灣民主路

一九七八年十二月十六日，雲門舞集的〈薪傳〉在嘉義市體育館首演。當天上午，美國宣布與蔣經國為首的中華民國政府斷交的消息傳來，〈薪傳〉在台上舞者與台下觀眾涕泗飄零的氣氛下演出。其中著名的舞碼「渡海」，令人遙想中國移民橫渡台灣海峽的歷程。誠然，「渡海」同舟一命的主題引起觀眾強烈的情感共鳴；然而，如果台灣是一艘船艦，在他的航道上等待的，是一個令人茫然的一九八〇年代。

另一方面，一九七八年，鄧小平在中共十一屆三中全會發表「對內改革，對外開放」談話，打響「改革開放」的主軸。一九七九年，美國與中華人民共和國共同發表《建交公報》。一九七〇年代末期，台、中、美形勢進入複雜的三角關係。

一九八〇年代也是美、蘇冷戰體制的最後一個十年。更值得注意的是，鄧小平的改革開放時值全球第三波民主化浪潮，中國的政經發展吻合美國的期待與利益。反之，台灣在蔣經國的黨國年代，仍然企圖以威權與警察國家手段維持少數統治。兩相比較，中華民國距離美國的利益越來越遠，台、美關係顯得有些冷淡；尤其，在一九八〇年代前半，黨國體制在台灣的作為更升高美國對蔣家政權的不滿。

幾件駭人命案及美方的施壓

黨國體制把持特務、威權、媒體、學術，以全方位恐怖統治的模式，企圖壓制方興未艾的民主運動，從而導致了幾波衝突。自美國與中華民國斷交起，黨國勢力即成立「固國小組」，企圖加強對台灣的控管與壓制。美麗島事件後，「固國小組」由力主高壓手段的王昇接手改組為「王復國辦公室」。一九八〇年二月二十八日林宅血案後，再度改為「劉少康辦公室」；此時，主要任務轉為「加強對敵鬥爭，粉碎台獨陰謀」，監控、鎮壓的範圍也包括台灣島內的黨外人士，甚至連陶百川等人都遭受批鬥。「劉少康辦公室」的手段日益殘酷，一九八一年七月三日，美國卡內基美隆大學教授陳文成陳屍台大校園，及至一九八四年十月十五日，美籍華裔作家劉宜良（江南）在美國加州寓所前遭刺殺身亡。此一案件事後證實為中華民國國防部情報局局長汪希苓授意竹聯幫份子策動。

由於陳文成教授是在美國大學任教之學者，他的死使美國對蔣家政權的特務統治深感厭惡。而江南命案更事涉中華民國政府情治機關授意竹聯幫份子在美國本土殺害美國公民，事件背後甚至隱含蔣家後代之涉入，使得美方懷疑蔣家政權將繼續世襲接班，震動美國國務院。中華民國與美國關係頓時緊張。美國開始向中華民國政府強力施壓，迫使蔣經國在一九八六年接受《華盛頓郵報》發行人葛蘭姆（Katherine Graham）訪問，公開宣示家族後代「不能也不會」競選下屆中華民國總統，同時透露解除戒嚴之意願。黨國體制的威權統治，終於逐漸崩解。

中華民國在冷戰體制中作為自由、民主樣板的偽裝完全破產。美方的壓力使蔣經國不得不逐漸放鬆黨國勢力對台灣的壓迫與控制。

社運的蜂起和民主進步黨破繭而出

一九八〇年代，台灣的社會力也持續醞釀；由於新台幣持續升值，以賺取匯差套利的外資熱錢湧入台灣；經過中央銀行收購外匯，釋出強力貨幣，剩餘的購買力流入房市、股市。經濟發展使新興的中產階級成為社會力量的中堅。一九八〇年代中後期，中產階級代表的社會力漸次引發挑戰舊有體制的新興社會。除了傳統的工人、農民運動，其他諸如婦女、消費者保護、原住民運動、環境生態保護、族群認同運動（如客家）、學運、錫安山教會運動、老兵返鄉運動等新興社會運動，形成以自力救濟挑戰黨國體制的風潮。

整個一九八〇年代後半的台灣，訴求保護本土農業，但同時也因為果農、稻農路線之爭，導致「五二〇農民運動」引爆解嚴後最劇烈的警民衝突；「彩虹計畫」救援雛妓運動也揭開台灣在威權時期階級、族群的沈痾；同樣的，經濟階級不義，引發民眾夜宿忠孝東路，要求居住平等的「無殼蝸牛運動」。那是一個民間力量崛起的時刻。

由於一九八〇年代初期石油危機影響投資意願，一九八六年台灣儲蓄率升高至GNP的20%，造成經濟體質失衡。政府不得不推動貿易自由化政策，使台灣的經濟體質朝向國際化及自由化發展。同時，各種社會運動最終與反對中國國民黨專政的民主運動合流，戒嚴中被黨國體制壓抑長達三十八年的社會力終於在八〇年代後期一舉迸發。

在政治發展方面，一九八〇年代初期，美麗島事件以及其後的軍法審判並未使台灣人民要求民主的聲浪停止。一九八〇年代初期，民主運動者因美麗島事件入獄服刑，反而促使「代夫出征」的許榮淑、周清玉等人；以及美麗島軍法大審中的辯護律師蘇貞昌、張俊雄、謝長廷、陳水扁等人代表的黨外新興力量，也在中央與地方選舉中高票當選。同時，黨外的年輕論政者，他們在黨外雜誌——康寧祥的《八十年代》系列、周清玉的《關懷》、許榮淑的《生根》、黃天福的《蓬萊島》、林正杰的《前進》……發抒意見、集結力量，邱義仁、吳乃仁、林濁水、林正杰等，也都成為黨外勢力的代言人。

上述過程中，黨外人士在一九八三年及一九八五年地方選舉中皆組成「黨外選舉後援會」，進行推薦提名與輔選工作。歷次累積的政治能量，在一九八六年達到頂峰，費希平、江鵬堅、張俊雄、監察委員尤清、國大代表周清玉、台灣省議員游錫堃、台北市議員謝長廷、人權工作者陳菊、學者傅正和黃爾璇等黨外人士成立「黨外秘密組黨十人小組」。一九八六年九月二十八日，以「一九八六年黨外選舉後援會」名義在圓山飯店召開會議；會中組黨臨時動議通過後，成立建黨小組，宣布成立「民主進步黨」。由於時局與對美關係已不同以往，中國國民黨選擇不再強力鎮壓。民進黨小心翼翼，避免重蹈一九二〇年代蔣渭水組建台灣民眾黨未久即煙消雲散之覆轍，在風雨飄搖中站穩腳步。台灣的政治自由化，在民進黨成立奪下重要灘頭堡後，繼而與當時其他反抗力量合作之下獲得確立。

新典範的形成

一九七〇年代末期，美國與中國建交後，固守台灣的蔣經國政權堅持（與中國）不接觸、不談判、不妥協的「三不政策」。到了一九八〇年代末期，中國國民黨的對中國政策在台灣自由化的浪潮以及美國持續施加壓力下，不得不在兩岸政策做出變革。一九八七年解嚴後，有限度開放台灣民眾赴中國探親。自此展開了全新的台灣與中國關係扉頁。在政治壁壘之外，台灣與中國的民間開始接觸。一九九〇年代初期，西方國家因為六四天安門事件抵制中國的歷史條件，增強了台商攜帶資本赴中國投資的利基；最終，台商影響力的消長，影響了台灣及中國的互動模式。

回頭審視。一九八九年四月，中國民眾聚集天安門廣場追悼曾任中國共產黨中央委員會總書記的胡耀邦之逝世。群聚演變為北京多所大學的學生以及工人團體參與的市民群眾運動，王丹、柴玲、吾爾開希、封從德等人為首的運動能量在短時間內向其他省分擴散，並向中國共產黨政府要求多項政經改革。但中國當局不允，並以官方媒體數度嘗試定義學生運動的反叛性質，引發學生絕食抗議。最後，中國人民解放軍在六月四日凌晨進入天安門廣場，武裝鎮壓示威學生。除了造成大量學生傷亡之外，後續更對示威運動參與者進行搜捕。

「六四天安門事件」使中國與美國及廣義的西方國家關係遭到頓挫。同時也迫使美國為首的西方世界重新調整面對中國的政策。就台灣、中國、美國的三方關係而言，一九八九年的「六四天安門事件」可說是一九七〇年代末期與一九八〇年代初期以後的再一次交叉。一九九〇年，台灣發生大規模學生運動。李登輝主導的中華民國政府對學生運動的處理態度，重新確立台灣政治環境朝向全面自由化與民主化的發展方向，也開始奠定日後台灣民主資產的基礎。

禁忌漸解與本土化脈流

一九八〇年代後半期，台灣政治的自由化初露曙光。中國國民黨黨國勢力的控制鬆動，「中國」本位的政治意識形態也逐漸弱化，阻擋不了原先作為禁忌的「台灣」意識。其中最為顯著的是一九八七年二二八事件四十週年紀念活動。當時海內外數十個台灣人團體組成「二二八和平日促進會」，要求公布事件真相，平反受難者冤屈。二二八事件發生後四十年，台灣人首次突破戒嚴禁忌，公開紀念並重新認識、闡釋二二八事件。同時，也追緬林義雄律師的遇害家人，直接挑戰長年黨國體制的不義手段。一九八七年的二二八和平日運動引發新一代台灣人開始探究獨立於中國之外的「台灣」，台灣史、台灣文學、台灣美術等新興本土視野及史觀的出現，進而觸動政治、文化、社會、經濟的全面本土化。

在這個時期，歐美自由主義的思潮以及左派的社會意識也透過赴美留學的青壯輩學者引介進入台灣，深刻影響當時的學生運動以及學生參與或主導的社會自力救濟運動。

對於這個時期的學生運動，林佳龍、吳介民既是參與者也是見證者。他們皆表示此一時期的學生運動不僅僅是在校園中爭取學生自治、言論的權益，更已經走出校園，與當時的社會運動能量結合。吳介民就表示他與學生運動者在一九八六年暑假南下鹿港參與反杜邦運動，並在北返後幾個禮拜內將運動經歷及觀察集結出版《台大學生杜邦事件調查團綜合報告書》。吳介民提及的學生行動，在杜邦事件調查報告出版後，正式與當時台灣大學校方衝突進而決裂。台灣大學校方以學生刊物《大學新聞》先是報導一九八五年學生運動者李文忠遭退學的事件，繼而又參與反杜邦抗爭，在一九八六年九月勒令《大學新聞》停刊一年。

台灣大學校方在「李文忠事件」及「《大學新聞》事件」中的動作引發更大規模的學生運動風潮。台灣大學、輔仁大學、文化大學文化社等學生團體開始串聯集結，在一九八六年年底發行《自由之愛》。同時，台大學生會也動議廢止學生刊物事先審查的規定。大學學生運動的集結，在一九八七年達到高潮；一九八七年七月，由輔仁大學創造社、台灣大學大論社及濁水溪社、政治大學國思社、中興大學春雷社、中國文化大學文化社、東吳大學外雙溪社、淡江大學南淡水社、中央大學怒濤社、成功大學西格瑪社、高雄醫學院火星社及台北醫學院抗體社聯合成立「大學法改革促進會」。此時，學生運動開始成為台灣自由化與民主化運動的主要動能；在設定議題、集結行動方面都能與其他政治力與社會力合作。雖然「大學法改革促進會」在一九八八年解散，但一九八〇年代末期大學學生對於校園言論自由的追求，其後在一九九〇年的「野百合學運」中合流並開花結果。日後將要參與創立台灣智庫或緊密合作的林佳龍、吳介民、賴怡忠、羅正方等人，正在大學中見證新時代的展開。他們一路走來始終站上民主化與本土化的浪頭上。

Chapter

2

1990 年代

李登輝與第二共和

台灣的政治發展，到了一九八〇年代末期，是以蔣經國逝世與民進黨建立作為標誌。此時舊勢力崩而未解，新秩序彷彿若有光，台灣人在將明未明之際，摸索屬於自己的出路。進入一九九〇年代後，由中國國民黨「二月政爭」、三月野百合學運作為起手勢，在外有國際局勢與台海關係壓力，內有中國國民黨與民進黨之間的競合。一九九〇年代，是民主先生李登輝的時代，也是台灣民主鞏固的第二共和。

野百合揭開新時代序幕

一九九〇年代初期的台灣政壇，與解嚴前已大不相同。

一九八八年蔣經國逝世，中國國民黨進入權力真空。李登輝雖循例由副總統繼任為總統，但令不達中國國民黨，他時時感到不安，只得檯面下運籌帷幄。一九九〇年透過任命郝柏村為行政院長，李登輝成功架空李煥，又因郝柏村多次召開軍事會議引發「軍人干政」疑慮，最後郝黯然下台，李登輝成功掌握黨務與政務。李登輝與郝柏村之間心結日深，埋下中國國民黨內部日後路線分裂的隱憂。

一九九〇年二月，中國國民黨召開臨時中全會決定正副總統候選人，李煥和蔣緯國等保守勢力極力阻撓，但最後還是由李登輝與李元簇的雙李配勝出。其後，作為中華民國法統的老國代們，竟在三月十三日自行擴權、延長國代任期至九年，引發各界不滿。除了民進黨黃信介主席前往請願被架離，學生和民眾也至中正紀念堂前靜坐抗議，最終引爆野百合學運（又稱三月學運）。

野百合學運提出包括政府解散**國民大會**、**廢除臨時條款**、**召開國是會議**、**提出民主改革時程表**等四大訴求，和中國國民黨的意識形態大相逕庭。但由於野百合學運與中國八九民運對天安門群眾的血腥鎮壓只相隔一年，國際上又有共產國家紛紛民主化的「蘇東波」，因此中正紀念堂廣場上的民主訴求，受到島內與國際媒體關心，政府便不敢貿然鎮壓。

一九九〇年三月二十一日，雙李配正式當選正副總統。李登輝上任後首先要面對野百合學運；他立刻召見學運代表，答應四大訴求，使得三月學運和平落幕。對三月學運，林佳龍曾以參與者的角度說明，學運的訴求其實就是李登輝想要做的事，因此學運與李登輝之間，可視為裡應外合。李登輝後來也逐步兌現承諾，先是於一九九〇年六月二十八日召開國是會議，提出中華民國憲法增修條文，明訂於隔年五月一日終止動員戡亂時期臨時條款；後透過釋字二六一號（一九九〇年六月二十一日公布），讓萬年國會於一九九一年十二月三十一日終結職權，奠定了此後台灣政局的基礎。

野百合學運對台灣政治的影響，除了中國國民黨主流／非主流明顯分流、奠定作為在野黨的民進黨和憲政結構等基本格局，更重要的是涉身其中的人們。這些參與者，像是林佳龍、范雲、鄭文燦、鄭麗君、賴中強、吳介民、翁章梁、何東洪、陳尚志、邱毓斌等都是廣場上往來密切的戰友。他們或入政壇，或往學界發展，有些辦起媒體，儘管位置不同，但這批野百合世代，在一九九〇年代後的台灣，將扮演重要角色。

台海關係與實質外交

一九八七年七月十五日，台灣解嚴，政府宣布台灣人可往中國探親。因應台海關係轉變與台灣政治氣氛的變化，一九九一年，政府成立了國統會、頒布《國統綱領》，在同年五月一日宣布終止動員戡亂時期臨時條款。隔年一九九二年的辜汪會談，是兩岸在隔絕四十多年後，首度由官方授權民間展開的破冰會面。台灣派出海基會辜振甫董事長，與中國的海協會汪道涵會長，借道第三國新加坡舉行。此次會談之後，台灣與中國往來日益密切，兩岸非官方交流甚至擴及學術、宗教與經貿投資，是兩岸恢復接觸後的蜜月期。

然而台海關係在一九九四年發生了變化。一九九四年三月三十一日，中國浙江發生千島湖事件，二十四位台灣遊客在千島湖上遇盜劫財而死。中國政府拒絕台灣人查看驗屍報告和探視被害親屬遺體，引起台灣人民不滿，對中國的好感度開始下降。

一九九五年六月，李登輝繞過台灣的外交和國安體系，由劉泰英與美國公關公司居中斡旋與宣傳，前往訪問母校康乃爾大學，並發表演說〈民之所欲，長在我心〉。本次出訪，可視為台美之間於一九七九年斷交後，最大幅度的外交突破。賴怡忠教授表示，儘管李登輝的演說於北美參眾兩院大受好評，還確立了台灣的國家定位，然而有得必有失。促進台美友誼的同時，其演說與作風卻也同時打破美中台三方平衡，惹得部分美國政界人士不悅、中國對李登輝充滿戒心，因此埋下兩岸關係急遽惡化的導火線。

一九九六年台灣首度總統直選前夕，發生台海飛彈危機。在此軍事壓力下，李登輝受益於北京對台文攻武嚇所促成的台人大團結，以最高票當選台灣總統。對此，賴怡忠教授表示，台灣民眾理解的總統直選、類似戰後民族自決獨立的喜悅，以及對「台灣人當家作主出頭天」的民族主義式渴盼，都讓歐美政界回想起一九九〇年代初期的蘇東波風潮（東歐前共產國家民主化），並讓中國認為李登輝逐漸走往台獨之路。

一九九九年，李登輝發表「特殊國與國關係」（即兩國論），台灣與中國之間的關係瞬間凍結。總之，一九九〇年代的兩岸關係，由破冰、互相試探至冷言冷語，外交關係則有歐美政界重重疑慮。台灣彷如風帆，在時而春暖波平、時而海湧暗流的海峽間掙扎前行，駛向二十一世紀。

朝野和解到合作

一九九〇年野百合學運的訴求，吻合李登輝路線的發展，又恰巧在隔年五月九日，發生了獨台會案。調查局以廖偉程、陳正然、王秀惠、Masao Nikar（林銀福）、Cegau Drululan（安正光）發展台獨組織為由，進行抓捕。當時使用刑法一百條「內亂罪」的第二項來起訴，引起國內大學師生抗議。

因為獨台會事件，中國國民黨和民進黨先於五月十七日立院三讀通過廢除《懲治叛亂條例》，接著針對刑法一百條的修廢進行激烈辯論，為此，民進黨與學院內外的自由派結盟，由林山田、陳師孟與李鎮源等人共同發起「一〇〇行動聯盟」，除了上街遊行倡議要求人民應有思想自由，也不排除在國慶日當天發起反閱兵行動。李登輝則派出代表與其協商，最後於一九九二年二月二十九日與民進黨主席施明德達成協議，即思想犯不罰、只有以強暴或脅迫而著手實行者，才會面臨刑期。最後，立法院於五月十五日三讀通過刑法一百條修正案，刪除陰謀叛亂罪。

隨著台灣自由化、民主化與本土化，並且開放台灣省長和直轄市長直接民選，以及在一九九四年七月的第三次修憲通過中華民國總統直接民選，自此大勢底定。選舉制度相當於準中央層級，擁有與憲法相似的地位，因此無論是中國國民黨或民進黨，都無法以一己之身獨力修憲。只有兩黨合作修憲，改變選舉制度，才能使政黨回歸他的本質，即是以選舉和人民授權來取得政權。

中國國民黨在援引民進黨勢力給內部施壓時，中國國民黨的主流與非主流鬥爭日益激越。李登輝成立「集思早餐會」，為中國國民黨內第一個次級團體，由本土派立委組成，主要成員有黃主文、吳梓、林鈺祥、王金平、陳哲男、饒穎奇、林源朗、洪玉欽、林聯輝、蔡中涵、劉興善等二十一位。相對於此，趙少康和郁慕明則發起「新國民黨連線」，以外省新生代立委為主，成員有周荃、陳癸淼、洪秀柱、洪昭男、丁守中、沈智慧等。兩派的鬥爭由黨務擴展到政務，並在國民兩黨合作後，導致新國民黨連線不少成員出走。

一九九四年十二月三日的台灣省長直選，中國國民黨由宋楚瑜出線，但也造成葉爾欽效應（所謂葉爾欽效應，指的是地方首長之民意基礎與國家元首相近，甚至凌駕其上，導致中央政府失去統治權威，影響政局安定。一九九一年之後，俄羅斯總統當選人葉爾欽的實力凌駕蘇聯總統戈巴契夫，最後造成蘇聯解體），導致日後李登輝將台灣省虛級化，以及宋楚瑜的出走。在台北市方面，中國國民黨黃大洲、新黨趙少康、民進黨陳水扁，三足鼎立，最後在棄黃保陳的狀態下，陳水扁當選台北市長，高雄市長則是吳敦義當選。

一九九四年的省市長選舉，雖然形塑了最初步的台灣人意識，但也強化了族群對立態勢。一九九五年十二月二日的立委選舉，在競選過程中，就有親綠的全民計程車，與偏新黨的計程車司機互相群聚鬥毆。為此，民進黨主席施明德提出「大和解咖啡」的概念，邀約新黨提出「三黨不過半、共組大聯合政府」的主張，但因時機未成熟，召致反對而擱置。不過在此之後，幾個主要政黨，皆意識到對抗只會使民眾厭煩，社會氣氛便暫時和緩下來。

一九九六年三月二十三日舉行的總統選舉，總統與副總統候選人分別為中國國民黨的李登輝與連戰、民進黨彭明敏與謝長廷，林洋港與郝柏村，以及陳履安與王清峰。最後，台灣在中國文攻武嚇中，尚稱平靜的選出李登輝為第一任民選總統。後有一九九八年的北高市長選舉、二〇〇〇年陳水扁總統代表民進黨勝選、台灣第一次政黨輪替，人民已經習慣投票選出政治代理人，在一次又一次的選舉試驗中，逐漸往本土化、民主化的道路上走去。

李登輝時代的各項改革

一九九〇年代可說是李登輝時代，也奠定台灣第二共和的基礎。

回顧李登輝自蔣經國一九八八年逝世後，主政的十二年裡，曾經推行過各種改革。在內政方面，李登輝呼應解嚴後的民間教改呼聲，成立行政院教育改革審議委員會，以及教育改革推動小組。其中制定《教育基本法》、推行台灣教育現代化，多元入學、高等教育與技職教育精緻化方面，皆對台灣民眾的教育水準有所提升。另外，一九九四年立法院三讀《全民健康保險法》，並於一九九五年一月成立「中央健康保險局」，同年三月正式實施全民健康保險制度，則形同建立嚴密的社會安全網，使台灣人民得到優質又簡便的醫療服務。

在轉型正義方面，一九九五年二月二十八日二二八紀念碑落成啟用典禮上，李登輝以中華民國的總統身分，向罹難者家屬道歉，表示「承擔政府所犯的過錯，並道深摯的歉意」。這一番談話，多多少少彌補台灣人受害後的委屈與悲情，這也是一九四七年二二八事件發生以來，第一次有國家元首承認國家暴力的不當對待，並概括承受一切責難。

在憲政方面，李登輝總共推動六次修憲的寧靜革命，讓台灣從解嚴初期的社會動盪，很快恢復秩序、改革體制。這六次修憲，分別為：第一次一九九一年四月二十二日，明定出第二屆中央民意代表產生的法源、名額、選舉方式、選出時間及任期；第二次為一九九二年五月二十七日，賦予台灣地方縣市自治明確的法源基礎，並且開放省市長民選；第三次為一九九四年七月二十八日，確定總統與副總統由人民直選產生；第四次為一九九七年七月十八日宣布凍省，凍結省級選舉與相關單位預算，省主席與省府人員均由總統任命；第五次為一九九九年九月三日，內容主要為國民大會代表自行延任，但後因違憲而失效；第六次是二〇〇〇年四月二十四日，內容為總統對司法院、考試院、監察院等三院有關人事的提名，由國民大會改為立法院行使同意權。綜合六次修憲內容，如果李登輝沒有廢除

《動員戡亂時期臨時條款》、確立總統任期、完成總統直接民選制度、精省與國民大會虛級化，就不會有二〇〇〇年的第一次政黨輪替，完成不流血的政權和平轉移。

在改革過程中，內有中國國民黨非主流勢力，外有中國武力威嚇，國際盟友又是束手觀望。但李登輝漸次引導台灣由威權走向民主轉型，得到「民主先生」美譽的同時，也不是沒有值得批評之處。例如他在中國國民黨主流與非主流鬥爭中，為了掌握黨務，增加勝選機率，而引進了被稱為「黑金政治」的地方派系。這些地方派系，自一九九〇年代開始，由仕紳階級轉而黑金當道，最為人熟知的便是屏東的鄭太吉與伍澤元。李登輝主政十二年，在資源分配上，盡力滿足地方派系所求所想；而地方派系也為李登輝與中國國民黨鞍前馬後。李登輝被批評使用黑金政治為中國國民黨續命，而這些派系逐利而來，自然利盡而散。中國國民黨在二〇〇〇年失去執政權後，對地方的控制不若以往，使他們開始尋求與其他勢力合作，成為台灣民主的隱憂，影響了後二十年的台灣政治生態。

Chapter

3

2000-2004

初次執政，龍困淺灘

李登輝與他的繼承者們

一九九九年，李登輝任期最後一年。中國國民黨內風雨欲來，連戰與宋楚瑜競逐二〇〇〇年總統候選人代表權，早已勢如水火。民進黨內，雖有競爭者，但仍是陳水扁聲望最高。宋楚瑜挾著省長任內的親民清廉形象，強力壓制背負著中國國民黨黑金包袱、與地方派系掛勾的連戰。然而，中國國民黨最終推派連戰與蕭萬長搭檔競選，導致宋楚瑜出走，以無黨籍參選。

不論是連戰、宋楚瑜或陳水扁，三人都有意無意地成為李登輝路線的繼承者。選戰初期，宋楚瑜遙遙領先，但一九九九年末卻爆出興票案——所謂興票案，是中國國民黨不分區立委楊吉雄於十二月九日召開記者會指控宋楚瑜之子宋鎮遠擁有中興票券（今兆豐票券金融股份有限公司）一億六百餘萬元票券所引起，這筆資金來自中國國民黨，中國國民黨向台灣台北地方法院檢察署提出告訴，指控宋楚瑜侵佔黨款。自興票案發生後，宋陣營召開多次記者會，始終無法清楚交代興票案的資金與用途，讓支持他的選民開始喪失信心。到一九九九年十二月底，宋楚瑜總共流失將近10%的民意支持度。

受興票案所累，宋楚瑜的選票基礎鬆動，轉而支持陳水扁終結黑金政權的訴求，或回歸中國國民黨的連戰。可以說，興票案使三足鼎立態勢成形。此時，陳水扁為囊括中間選票，在一九九九年十一月十七日發表中國政策白皮書，強調台灣必須放棄戒急用忍、與中國三通，同時希望和中國談判，希望藉此對中國和解到合作，創造兩岸和平。後來，陳水扁也在二〇〇〇年初，強調他當選之後，不會宣布獨立、不會將兩國論入憲、不會更改國號。這些都是為了化解中間選民「台獨即戰爭」的疑慮。

陳水扁努力往中間路線靠攏，但中國不買帳。中共領導人朱鎔基視陳水扁為李登輝台獨路線的繼承人，威嚇台灣若是宣布獨立，中國便會採取武力對付台灣。而面對中國恫嚇所激起的台灣不安與反中情緒，連戰陣營卻以「一中各表」來回應，甚至與北京聯手，批判台獨路線不可行。連戰種種無視台灣民意的作為，使得中國國民黨內的李登輝支持者開始猶豫，是否要繼續支持連戰。

陳水扁和李登輝一樣，受益於中國恫嚇後的台人大團結，加上連宋間的矛盾，「棄連保宋」、「棄宋保連」等雙重棄保效應加深。越接近投票日，陳水扁的支持度就越上漲。二〇〇〇年三月十八日，民進黨的陳水扁當選中華民國總統，這也意味著中國國民黨在台灣長達五十五年的統治落幕。台灣人民用手中的選票，共同完成台灣政治史上第一次政黨輪替，為民主發展立下新典範。自此，中國國民黨內李登輝路線所代表的台灣本土勢力，由於各種交織的內外因素，十分弔詭地由民進黨陳水扁所繼承了。

智庫前身：國政顧問團

二〇〇〇年三月五日，中央研究院李遠哲院長發表演說，即〈跨越斷層──掌握台灣未來關鍵的五年〉。李遠哲學術聲望高，其演說易使知識階層信服；他又與許文龍等企業家，公開支持陳水扁、為化解民進黨的台獨立場來背書。他的演說與支持，使得不少反對黑金但又擔心民進黨台獨黨綱的中間選民，轉而倒向陳水扁。可以說，陳水扁最後能勝選，此番清流知識界與企業界大老的共同助選（又稱清流共治），是很重要的因素。

陳水扁在競選總統期間，即發現他日後不得不面對的最大困境，就是民進黨是個新生政黨，幕僚訓練不足、內部人才稀缺，就算當選，閣員名單也會難產。當時李遠哲、許文龍和陳水扁密切連結，這其中由於林佳龍和李遠哲、許文龍可以直接聯繫，所以林成為籌組國政顧問團的股肱。其後，加上法學教授李鴻禧、主張台灣社學界本土化的蕭新煌等社會賢達，都答應陳水扁出任國政顧問團，協助尋訪合適的內閣成員。

國政顧問團第一批成員名單發表於二〇〇〇年三月十日，第二批成員名單發表於二〇〇〇年三月十三日，除了李遠哲擔任擔任國政顧問團首席顧問，以及上段提及的許文龍、李鴻禧與蕭新煌，還有其他成員。在學術界，有時任國立交通大學校長及中央研究院院士的張俊彥、時任國立陽明大學校長及中央研究院院士的曾志朗、時任國立交通大學人文社會科學院院長的陳其南、國立中正大學校長鄭國順、國立藝術學院校長邱坤良，以及經濟學家林鐘雄與林信義。而在企業界，有長榮集團的張榮發、宏碁集團的施振榮、大陸工程的殷琪、義美集團的高志明。其他還有時任中華民國國家安全會議諮詢委員的陳必照、藝術界的林懷民。這些國政顧問團的時代俊傑皆是一時風流人物，大大充實了陳水扁與民進黨的政策人才庫。

國政顧問團給陳水扁的選情打了一劑強心針，洗脫外界對其缺少執政經驗與反商路線的顧慮。民眾期待民進黨執政初期，向這些知識界與實務界菁英請益；而國政顧問團也期待從政策面切入，提供治理方針。意即公民智識分子與民進黨合作，擴充社會基礎，共同治理台灣。

國政顧問團成員一覽表

序	姓名	背景	與台灣智庫關係
1	李遠哲	中央研究院院長	顧問
2	許文龍	奇美集團	捐助
3	李鴻禧	法律學者	顧問
4	蕭新煌	社會學者	顧問
5	陳其南	時任國立交通大學 人文社會科學院院長	顧問
6	張榮發	長榮集團	
7	施振榮	宏碁集團	顧問
8	殷琪	大陸工程	捐助
9	高志明	義美集團	高志尚董事
10	陳必照	時任中華民國國家安全會議諮詢委員	顧問
11	林信義	中華汽車	顧問
12	林鐘雄	經濟學家	創會董事長
13	張俊彥	國立交通大學校長及中央研究院院士	
14	曾志朗	時任國立陽明大學校長 及中央研究院院士	
15	鄭國順	國立中正大學校長	
16	邱坤良	國立藝術學院校長	
17	林懷民	藝術工作者	

台灣智庫成立，顛簸前行的四年

陳水扁二〇〇〇年上任時，是朝小野大的少數總統。在內閣，他必須啟用唐飛擔任行政院長，安撫中國國民黨的不安；在國會，法案與預算的推進，因民進黨籍立委席次仍是少數，他感到處處掣肘。施政的無力感，在二〇〇〇年十月至二〇〇一年二月的龍門核四電廠停工與復工可以看出。當時民進黨在行政院剛剛推出非核家園政策，中國國民黨便嚷著罷免總統，逼使行政院宣布核四復工。民進黨沒有國家執政經驗，無法順利駕馭國家這台大車，雖有地方市府治理可供參考，但仍須從民間徵集專家學者協助政策推行。以此看來，二〇〇〇年第一次政黨輪替的顛躓，促使台灣智庫開始籌備成立，正是順應時代而生。

鑒於民進黨的執政困境，此時，林佳龍本著過去擔任李登輝國安會幕僚的經驗，也參與過國政顧問團的運作，他開始號召產官學界菁英，奔走籌建一個屬於本土陣營的智庫。林佳龍表示，成立台灣智庫的構想，其實在他當年參與台大自由之愛與野百合運動時便已萌芽。當時青年學子們往來頻密，讓林佳龍有一批志同道合的好友；後來去美國耶魯大學攻讀博士，更體認到串聯青年學者參與公共事務，以及組建本土智庫的重要性。

林佳龍在陳水扁總統上任後，也受邀出任國家安全會議諮詢委員。此時籌組智庫輔助執政，並結合社會力量的構想藍圖逐漸清晰。於是，由曾任陳水扁國政顧問團團員的台灣證券交易所董事長林鐘雄出任創會董事長，林佳龍本人召集執行委員會（實質的執行長）。脫胎於國政顧問團，共同組成了新的智庫，這就是財團法人台灣智庫（Taiwan Thinktank）的誕生。

作為泛綠本土陣營第一個智庫，台灣智庫以台灣為名、以台灣前途為念，於二〇〇一年十二月三十日正式成立。開幕茶會當天，邀請陳水扁總統出席致詞，與智庫董事林明成、柯承恩共同啟動智庫新時代。以台灣智庫成員和民進黨政府間綿密的人際網絡，台灣智庫自然對民進黨的施政產生影響力。

二〇〇一年至二〇〇四年是台灣智庫的草創初期。在創建初期，林鐘雄、殷琪、許文龍、華僑銀行董事長林明成、金寶電子公司董事長許勝雄、富邦集團董事長蔡明忠、日盛證券董事長陳國和、國泰金控董事長蔡宏圖、三商行董事長陳河東、台灣工業銀行總經理駱錦明、義美食品副董事長高志尚、土地銀行董事長魏啟林、行政院政務委員許志雄等人，都曾大力捐助或擔任董事職位。

智庫初成立，一切都在摸索之中。比如台灣於二〇〇二年一月以「台澎金馬個別關稅領域」名義正式加入WTO，民進黨缺乏經貿人才，於是智庫在日後特別重視經貿產業領域。據當時的辦公室主任鄭麗君回憶，台灣智庫的自我定位，是一個提供政策建言給政府部門的公共政策平台，目的在於協助順暢的執政。因此包括議題分析、政策研究、民調執行，智庫方面皆有所涉獵。

鄭麗君還說明了草創期的八個論壇，其中最早成立的是農業論壇，由吳明敏擔任召集人，「因為農業是國家的根本嘛」鄭麗君這樣說。接著成立的是組織改造論壇，時任台大管理學院院長的柯承恩任召集人，配合民進黨，針對中央政府各種組織部會進行研究改造。後來，台灣智庫又有六個論壇陸續成立，分別為郭建中主持的財經論壇、汪庭安主持的科技論壇、許志雄與汪平雲主持的法政憲改論壇、劉進興主持的社會論壇、鄭麗君主掌的教育論壇，以及平路所主持的文化論壇。可以說，智庫所代表的意義，是民間與政府的結盟，也是學術與政策的對話，還有人才與資源的整合。

綜上所述，可以發現，台灣智庫在草創初期，除了法政經濟等傳統智庫深入的議題，也對台灣公共議題廣泛關注，嘗試以人為本，落實自由民主及追求幸福社會。而這些關懷與追求，也落實在台灣智庫草創期舉辦的各種活動中。

台灣智庫初期的活動

二〇〇一年底成立的台灣智庫，馬上引發各政黨派系競相成立智庫的風潮。當時除了台灣智庫，原本就已成立的中經院、台經院、政大國關中心，以及張榮發創辦的「國家政策研究資料中心」（其後改組為國策研究院），在台灣智庫成立先後，還有李登輝在卸任後成立的群策會、中國國民黨的國家政策研究基金會，就連親民黨也籌備成立自己的智庫。加上六大工商團體爭相建言，一時之間百花爭鳴，令人目不暇給。

這波智庫紛紛成立的現象，台灣智庫董事柯承恩曾稱其為「各種思潮的競逐」。每個智庫代表不同的社會價值，智庫作為知識經濟的載體，其在專家學者討論過程中所形成的各種政策建議，有極大部分會成為政府的施政方針。綜觀二〇〇一年至二〇〇四年的智庫活動，可以發現，大多集中在憲政、政府組織、經濟產業發展方面，這也代表台灣智庫清楚知道，哪些議題是初次執政的民進黨政府的首要問題。

參與「全國經濟發展會議」

二〇〇〇年陳水扁總統就任後，召開一連串大型的全國會議，並於會中討論各項議題，二〇〇一年台灣智庫參與的「全國經濟發展會議」便是其中之一。

二〇〇一年初，當時的行政院長張俊雄曾對這類大型會議提出期許，包括：一、會議後提出具體可執行的方案並列入管考；二、經濟發展首重擴大內需，除了政府增加公共投資，也應吸引民間資金投入公共建設；三、廣邀在野黨推派代表參加；四、增加地方招商的誘因與獎勵措施，並簡化申請流程；五、重視經濟發展中產生的廢棄物處理問題。

台灣智庫作為與民進黨政府互動密切的本土智庫，自然受邀參加，並於會議中經由討論交流，在貢獻知識的同時也得到啟發。

推動政府改造計畫

二〇〇一年，陳水扁總統邀請各界人士在「經濟發展諮詢委員會議」中組成「政府改造委員會」，推動政府改造事宜，並由總統親自主持推動。鑒於當時的政府組織疊床架屋，台灣智庫參與共同推動政府改造計畫。這個計劃目標是提升行政效率、加強施政能力，對政府組織的數量、層級、功能、發展與需要，作重新檢視及設計規劃，進而加強國家整體競爭力。而政府改造計畫的最終版本，將原有的三十六個部會，調整為十三部、四會，組織精簡瘦身，更容易因應世界潮流的變化。

根據瑞士洛桑國際管理學院的國家競爭力報告，二〇〇三年台灣政府效率在全球排名為二十名，至二〇〇四年已上升到第十八名；在國際競爭力方面，則由二〇〇三年的第十七名，上升到二〇〇四年的第十二名。看似台灣智庫對政府提出的改造計畫頗有成效，但實際上由於官僚體系改造不易，所以智庫頗多主張無法即時援引參照。

八吋晶圓西進政策辯論

二〇〇二年三月九日，台灣教授協會舉辦了「八吋晶圓緩登陸大遊行」，台灣智庫執行委員羅正方也在遊行隊伍中，大力反對開放八吋晶圓前往中國。羅正方的態度，加上台灣智庫與總統府的密切關係，讓人不禁認為這是陳水扁總統的意思。

針對晶圓是否登陸，當時各界意見莫衷一是。針對此議題，二〇〇二年三月九日晚間，台灣智庫也和公視、今週刊、中國時報合辦了「八吋晶圓西進政策辯論會」，並由公視轉播辯論會內容。

反對方有台經院副院長吳榮義，表示半導體產業是政府經歷二十餘年來所扶植的重要產業，在台灣具有無可撼動的地位，而台灣在晶圓代工生產有極大優勢與市佔率，不必貿然西進，此時西進將令台灣在半導體產業的優勢加速消失。台灣智庫執行委員羅正方也認為，若是開放八吋晶圓赴中生產，人才與技術的交流更加頻密，那台灣的技術流失會更快速。還有上中下游的半導體業者若同時西移，造成群聚效應，恐會掏空台灣半導體產業。劉進興也贊成加強八吋晶圓的管制，如若不能禁止赴中，那政府應該提出有效管理措施。

辯論會上，支持方認為，競爭力的關鍵在技術，目前台灣的技術仍然領先中國甚多。另外，其他的支持者如國科會副主委黃文雄，他認為與其繼續限制廠商赴中國投資、讓廠商偷跑無法可管，不如積極開放、有效管理，在建立健全管理機制的原則下，國科會贊成有條件開放。支持方還有前經濟部長宗才怡，她也指出八吋晶圓廠登陸，可增強兩岸雙方經貿關係，除了活絡台灣半導體工業的競爭力，也能提早搶佔中國市場，基於市場全球布局的想法，不失為好選擇。

此次辯論會，是台灣半導體產業發展重要的里程碑。八吋晶圓廠終究是在設下嚴控條件下，可允許少量赴中生產，但需把技術留在台灣。多年以後，台積電的晶片市佔率為全球第一，有台灣的護國神山美稱，為台灣的國家安全帶來保障，也為政府稅收做出極大貢獻。若當初只著重於經濟成效與搶佔中國市場，而將晶片製程與技術帶入中國，台灣還能有爾後的經濟榮景嗎？

美日台三邊戰略對話

「美日台三邊戰略對話」由台灣、美國、日本三大智庫共同籌畫，希望透過與三國政府關係密切的智庫，邀請學者專家與官員進行對談。此會議首輪於二〇〇二年八月在台北揭開序幕。第二回合定於二〇〇三年三月在東京舉辦，第三回合則於同年八月在華府傳統基金會舉行。

「美日台三邊戰略對話」的首輪台灣場由台灣智庫籌備，對話的核心主題是「台灣戰略價值」。本次會議中，台灣智庫執行委員賴怡忠認為，當時僅有美日、美台等雙邊關係，三方的橫向聯繫薄弱，若是要促進美日台三方於國家軍事安全上更緊密的合作，首要目標為提升日本和台灣的溝通管道。又，本次美日台三邊對話，可視為官方正式管道之外的第二條路，透過這個對話平台，台灣才能清楚了解美日同盟對亞太地區的戰略規劃，以及美日對台灣扮演角色的期待，還有針對中國對週邊國家軍事威脅等議題交換意見。台灣雖有美日安保同盟的承諾，也要恪盡作為亞太地區友好國家的職責，使三方交流產生實質意義。

日本學者岡崎久彥表示，由於本次對話的主題是台灣戰略價值，前提是中國企圖東出太平洋，意在控制台灣海峽、西太平洋海域與南中國海。岡崎認為應重視中國對台灣的武力威脅，一旦中國領有台灣，對美國和日本的戰略與經濟利益，都將構成重大傷害。岡崎指出，要避免中國威脅，就要加強美日台三國的國家安全合作，也要讓台灣有機會參與其他國家的災害救援與軍事演習。

美國傳統基金會研究員譚慎格認為，西太平洋地區的和平安定，為美日兩國的共同責任；而台灣在民主、法治、經濟、自由面向上皆持續發展，若能被納入國際社會、成為擔負責任的一員，才能同時滿足美日台三方的利益。因此，台灣應該參與區域演習，並且美國政府應該協助台灣取得更適當的國防裝備。而美國學者金德芳則認為，美日台三邊想要在國家安全層級上更積極合作，日本就須先解決和平憲法第九條，即「日本永遠放棄訴諸戰爭的權利和武力解決國際爭端的手段」，三方軍事同盟才能夠實現。

本次美日台三方對話，除了討論台灣戰略價值，也獲得陳水扁總統的重視。陳水扁在會前表示，保護台灣民主、加強台灣防衛實力，就必須通過國防軍購案，並且未來要讓台灣的國防預算提高到GDP的百分之三。美日台同盟，除了是安全同盟，也是民主同盟與經濟合作的開端，因此在亞太區域經貿整合的過程中，台灣不應該缺席。「美日台三邊戰略對話」獲得外界高度肯定，足見台灣智庫在國防外交議題上的影響力。

金融產業發展

二〇〇三年十一月二十四日，台灣智庫舉辦金融發展研討會，邀請陳水扁總統蒞臨致詞，期能提供台灣金融市場相關施政建言。

台灣的金融問題在於封閉體系，直至一九八〇年代末期受國內外情勢所迫，才開放規劃金融市場自由化。但監理機關失職、銀行數目過多與惡性競爭，問題日益嚴重。就此，台灣智庫陳博志董事長認為，政府在不影響匯率穩定與國家安全的前提下，可以適度放鬆管制、開放市場、引進外資。但相應於金融市場朝向自由化發展，政府也必須積極維護金融秩序。

陳博志董事長的專業為產業與金融政策，也曾出任陳水扁的經建會主委。在智庫與政府往來合作下，在金融領域，二〇〇二年成立「金融犯罪查緝督導小組」，二〇〇三年通過《行政院金融監督管理委員會組織法》。除此之外，《信託業法》、《金融資產證券化條例》、《不動產證券化條例》、《金融控股公司法》、《金融機構合併法》等立法，都是台灣智庫發揮功能的成果。

透過政府、智庫與業界的共同努力，金融改革成效逐步展現。舉辦金融產業發展研討會的當下，政府正在研議《金融服務業法》，希望健全金融市場交易的稅制，而台灣智庫在其中也扮演了溝通整合業界與學界的重要角色。金融政策是台灣智庫長期投注心力研究的重要政策，陳水扁任內一系列的金融市場改革，都能看到智庫的影子，是各種改革最重要的幕後推手。

公投與民主

二〇〇三年台灣《公投法》立法前夕，台灣智庫從學術理論出發，對《公投法》的規範性方向提出建議與呼籲。台灣智庫認為，既然作為改革團體，那麼就應以公民社會角度出發，同時肯認公民投票是壯大公民社會的制度性安排、是推動體制改革的必要途徑、也是人民參與決策的重要管道。如此，才能體現公民投票的進步意義，進而完成深化台灣民主的長程目標。

台灣智庫還提出，公投立法的完善與否必須符合五大判準，即：一、對公投議題的限制須符合最小原則；二、公民投票的發動權必須符合多元主義；三、不應以時程限制妨礙公民參與；四、不應排除諮詢性公投；五、憲法的制定或修改應經公民投票決定。當時台灣智庫對於《公投法》的主張和判準，以民主為原則，在日後看來都是相當進步而多元、有意識的廣納各界聲音。雖然當時《公投法》的立法結果不如預期，不開放創制權給民眾，甚至有鳥籠公投之譏，但這無損於台灣智庫在立法過程中投入的研究心血與努力。

參與第七次憲改

第七次修憲的重點在於國會立委席次減半。國會席次減半的主張，能在台灣社會被廣泛討論，要歸功於核四公投促進會的林義雄，以及中研院李遠哲院長，而台灣智庫則在幕後提供各種法政研究，作為推動立委席次減半的最大助力。

當時，台灣智庫廣邀各政黨立院黨團、各方法政學者在台灣智庫內進行意見交流。各政黨有持贊成意見，也有反修憲的民主行動聯盟，在台灣智庫憲改論壇深度討論。包括條文修訂、如何推進憲改與阻擋憲改，學者與政黨皆做出沙盤推演。其後，為使憲改議題為民眾周知、帶起公民討論風氣，台灣智庫在全國各地舉辦了三場修憲電視辯論，讓民眾在修憲國民大會代表選舉投票之前，有機會參與並明白此次修憲的重要。一時之間，修憲提案的內容、各政黨的立場，在民眾晚餐桌上被熱烈討論。

憲法是一個國家的根本大法，而台灣智庫舉辦的三場修憲電視辯論，有效的普及了法政知識、建立與政黨政策幕僚與年輕立法委員的互信。台灣智庫作為各政黨和民間團體間的溝通平台，在第七次修憲過程中，發揮最大的政策建言功效，也得到外界高度肯定。

1 2
3

1 2002年，陳水扁總統參加台灣智庫成立茶會
2 2002年7月，科技論壇
3 2004.01.07，拜會陳總統

1 2009.03.21，思想坦克「誰搶走我的工作」論壇
2 2009.04.03，賴清德委員拜訪執行長
3 2009.02.27，呂秀蓮前副總統來訪

1　1　2009.08.12，救災政策會議
2　2　2009.11.15，龍頭產業出走座談會

1
2

1 2011.03.09，社團NGO與鄭麗君執行長拜會李前總統

2 2011.05.22，思想坦克「就業導向的經濟新思維」論壇

1 2011.05.25，拜會李前總統
2 2011.06.19，台灣智庫十週年研討會

2002.05.18，台灣智庫開幕茶會

2002.05.18，台灣智庫開幕茶會

1 2002.05.18，台灣智庫開幕茶會

2 2009.05.27，台灣智庫董事會

1 2013.12.27，智庫共同創辦人林佳龍參選台中市長

2 智庫的原始捐助人許文龍董事長（圖左）於智庫早期小南門奇美大樓六樓辦公室

智庫現任執行委員會成員開會情形

智庫成員於魚池鄉農會前合影

智庫成員聚會

台灣智庫二十年來的出版成果

Chapter

4

2005-2008

進退維谷的本土派

本土派更加弱勢的第二任期

陳水扁在其第一任總統任期內做了許多改革，政績可圈可點；然而這是本土政權首次執政，陳水扁的「台北經驗」並不能完全擴大適用至國家。幕僚歷練不足、人才資源稀缺，致使總統府內人士有童子軍之譏。儘管第一任內，台灣智庫協助政策頗多，但本土政權無法駕馭龐大的國家機器，時時感到灰心喪氣，也是事實。

第一次本土政權的存續危機，發生在二〇〇四年中華民國總統競選過程中。上一章已言之，陳水扁是少數總統，時有行政體系配合度不佳、國會法案窒礙難行的困擾。更重要的是，泛藍陣營始終認為台澎金馬是中國國民黨禁臠，因此贏得二〇〇〇年總統選舉、標舉本土意識的陳水扁，在泛藍陣營眼中永遠無法除去竊國者的標籤。當時中國國民黨內部也有檢討聲音，意即若無連宋分裂加上雙重棄保效應，那麼泛藍陣營絕對能在二〇〇〇年勝選，拿下中華民國總統大位。

泛藍陣營有鑑於二〇〇〇年的戰略失誤，在二〇〇四年便積極操作連宋配，冀望以兩黨之力，保持四年前的得票數重返執政。競選過程中，連宋配從一開始便氣勢旺盛，民調始終領先本土陣營的陳呂配，甚至曾領先達二十個百分點，但雙方的差距隨著時間逐漸縮小，選戰進入白熱化。二〇〇四年二月二十八日，民進黨由民進黨副秘書長李應元總攬其事，以「二二八牽手護台灣」情感動員，沿著台一線，從基隆到屏東，手牽手串聯起三百多公里的人龍，使本土陣營信心大振。為互別苗頭，中國國民黨在三月十三日舉辦「反扁嗆聲大遊行」，同時在台北、台中、高雄與桃園造勢，參與者眾多，讓中國國民黨高層認為有勝選之望。

藍綠陣營戰況膠著，直到投票前一天發生三一九槍擊案。二〇〇四年三月十九日，陳呂配的掃街車隊由高雄出發，在進入台南市區時受到民眾熱烈歡迎，鞭炮汽笛聲不斷。就在此時，陳水扁和呂秀蓮突然被槍擊，立刻由隨扈送至奇美醫院，並在當天晚間出院返回台北，然而選舉並不因槍擊案暫停。隔天選舉結束，陳呂配獲六百四十七萬票，連宋配拿六百四十四萬票，雙方得票數相差不到三萬，連宋立即發起當選無效之訴、要求重新驗票。

三一九槍擊案真相未明，質疑民進黨自導自演的聲浪不斷；雙方得票率差距僅0.23%，國親兩黨為了抗議，盤踞凱道約兩個月之久。陳水扁雖然再次贏得大選，然而開局不利、人心惶惶，也為第二任期的執政埋下隱憂。

二〇〇五至二〇〇八：內外交逼的台灣

二〇〇五年是紛亂的一年，中國先是在年初通過《反分裂國家法》，民進黨與其他本土友好政黨緊接著在三月二十六日舉辦護台灣大遊行（又稱反反分裂法大遊行），兩岸關係一度緊張。而一九四九年後依靠美援與第七艦隊巡防台灣海峽才得以立足的中國國民黨，在二〇〇四年連宋組合再次敗選後，轉向中國共產黨尋求協助。二〇〇五年四月二十六日，中國國民黨連戰率團赴中「和平之旅」，與時任中國共產黨中央委員會總書記胡錦濤在北京人民大會堂會談。同年五月五日，親民黨宋楚瑜也率團赴中國「搭橋之旅」並和胡錦濤會面。民進黨與陳水扁，在台灣人民的普遍認知中，較無能力處理兩岸議題，而國親兩黨先後赴中國，又重申九二共識，自然給執政的民進黨帶來不小壓力。

為了緩解中國與泛藍陣營聯手帶來的壓力，台灣必須走向國際。二〇〇五年台灣第十三次嘗試加入聯合國，但遭到否決；九月二十日，陳水扁總統率民進黨主席蘇貞昌、台聯黨主席蘇進強及多位部會首長，展開「攜手登峰、永續共榮之旅」，訪問瓜地馬拉、多明尼加、尼加拉瓜、聖克里斯多福、尼維斯與聖文森、格瑞那丁等邦交國。然而一個月後的十月二十五日，台灣宣布與塞內加爾斷交，隔天塞國便與中國建交。本土政權在外交事務上，是走三步、退一步，顛簸前進。

在國際上屢屢受挫的民進黨政權，步履蹣跚走進二〇〇六年。本年初，陳水扁及其家族傳出一連串弊案，並且牽連甚廣，被當時的媒體戲稱「一妻、二秘、三師、四親家、五總管」（一妻指的是總統夫人吳淑珍介入太平洋百貨經營權之爭。二祕為總統府副秘書長陳哲男、總統府副秘書長馬永成。三師是華夏律師事務所林志豪律師、陳水扁家庭醫師黃芳彥、吳淑珍私人會計師張兆順。四親家是陳總統親家趙玉柱、陳總統親家母簡水綿、陳總統女婿趙建銘、趙建銘胞弟趙建勳的台開內線交易案。五總管為內政部、交通部、金管會、國科會、公平會等五個部會，都有首長或副首長等高層涉案）。隨著貪腐事證逐漸浮出，陳水扁在第一任總統競選期間的清廉勤政愛鄉土形象也受到重挫。陳水扁在六月順利挺過了總統罷免案，但在八月七日，前黨主席施明德寫了〈給總統陳水扁的信函〉希望陳自行請辭，並於八月十日號召百萬人民反貪腐圍城運動（又稱紅衫軍百日圍城）。

陳水扁家的貪腐疑雲和紅衫軍運動，使台灣國際聲望直落谷底，對內也造成學術界的分裂危機。二〇〇六年七月十五日及九月十六日，親綠學者們共同發表「不要讓人民互相對抗」的「七一五」聲明——第一，陳總統應該辭職，持續在位只會製造更多問題，使國家政局動盪不安；第二，執政黨必須體認人民追求清廉政府的願望，不應發動群眾反制，製造人民與人民之間的對抗；第三，陳總統並不等於本土政權，執政黨不應將人民要求總統辭職的呼聲曲解為「消滅本土政權」；第四，民進黨內部應出現反省與批判的聲音，不容陳總統獨斷獨行，才能為後扁時代做好準備；第五，主要政治力量領導人應負起政治責任，為目前的政治危機積極尋求解決途徑；第六，國內媒體必須嚴守新聞專業規範，在危急時刻尤其不應出現偏頗、煽惑的報導。

他們希望陳水扁知所進退自行辭職。這些學者有陳芳明（前民進黨文宣部主任）、吳乃德、紀萬生、吳叡人、顏厥安、徐斯儉、陶儀芬、李丁讚、郭宏治、黃洛斐、黃長玲、吳介民、林國明、陳明祺、范雲等人，其中部分學者和台灣智庫關係匪淺，足見扁案的深遠影響。

二〇〇七年的台灣，在扁案的低迷氣氛中，終於有好消息。一月五日台灣高鐵正式通車營運，達成台灣西部一日生活圈；一月八日，陳水扁率團訪問尼加拉瓜，參加該國新任總統奧蒂嘉的就職典禮。一月二十五日，在台灣民主基金會舉辦的全球新興民主論壇倡議大會中，台灣邀請蒙古國前總統奧其爾巴特、南韓前總統金泳三、南非前總統戴克拉克、波蘭前總統華勒沙和薩爾瓦多前總統佛洛瑞斯等五國的卸任元首與會，這是台灣用民主交朋友的寶貴經驗。此外四月三十日，台灣與加勒比海島國聖露西亞建交。儘管有這麼多令人振奮的外交進展，民進黨的內政仍受扁案醜聞纏身，不得不在擱置數年之後，重提本應進行的核心價值與改革，冀望以此召喚最忠實的本土政權支持者，也就是「轉型正義」。

二〇〇七年的轉型正義活動，因時間緊迫，只是進行了相關機構的正名運動。諸如將中華郵政更名為台灣郵政，以及將中正紀念堂改名為台灣民主紀念館、大中至正牌樓改為自由廣場。彼時，中國國民黨已經確定由甫卸任台北市長的馬英九代表角逐二〇〇八年的總統大位，民進黨則由謝長廷代表競選。

藍綠陣營針對一連串的正名運動時有衝突，也同時激化與鞏固雙方的支持者，台灣藍綠對抗的態勢已難逆轉。

二〇〇八年，又到了四年一度總統大選。民進黨的長昌配受扁家貪腐案所累，選情不樂觀，中國國民黨的馬英九則被外界視為冉冉上升的明日之星。馬英九的競選策略主張「二次政黨輪替」（政治學者杭亭頓將「二次政黨輪替」視為民主鞏固的要素，認為一個由威權過渡到民主化的國家，若是能和平地完成兩次政黨輪替，則可視為已經適應了民主選舉制度，民主由此鞏固。但杭廷頓的研究案例是威權國家往民主轉型，台灣在二〇〇八年可說空有民主治理的架構，但外有中國威脅，並不能算是成熟穩定的民主國家），以及對中國開放，社會上瀰漫換人做做看的氣氛。從二〇〇〇年台灣人出頭天的歡快與盼望，短短八年，二〇〇八年本土陣營就迎來聲勢的低谷，當時甚至有人悲觀預測「民進黨二十年內再起不能」。

台灣這艘小船要往何處去？未來台灣的出路又在哪裡呢？

風雨飄搖期台灣智庫的活動

二〇〇五年至二〇〇八年是本土政權第一次執政的尾聲，也是支持者對民進黨的信任寒冬期。台灣智庫做為第一個本土色彩濃厚的智庫，跟總統府多有往來接觸，在陳水扁家族貪腐疑雲重重時，免不了受到影響。但在此時，據當時的台灣智庫郭建中執行長所述，智庫還是繼續深耕各種議題，堅持扮演好政策討論平台的角色。

《中國反分裂法》系列座談會、「台灣主權地位」國際研討會，及相關出版物

二〇〇五年三月十四日，中國推出《反分裂國家法》。同日，時任陸委會主委吳釗燮發表聲明「中共把『一中原則』直接納入反分裂法，已是嚴重挑釁，成為武力併吞台灣的空白支票」。三月二十六日，本土陣營包括民進黨、台灣團結聯盟與數個民間團體皆響應舉辦三二六護台灣大遊行，台灣智庫也在其中。三二六大遊行主要訴求為台灣前途應由台灣人民自行決定，有超過一百萬人走上街頭。同年，智庫就舉辦了「中國反分裂法」系列座談會。

綜觀二〇〇五年至二〇〇八年，針對中國日益加深的侵略意圖、台灣的國際地位岌岌可危，這樣的危機感，促使台灣智庫針對台灣的國際法理地位規劃一系列座談會，試圖談清楚「何謂一中」、「何謂主權」。比如二〇〇八年就有「台灣主權地位」國際研討會，同年，針對台灣主權地位，也發表了重要論述並出版成冊，即《解開台灣主權密碼》（英文版 *Unlocking the secret ot Taiwan's sovereignty*）。本書由林佳龍、李明峻、羅致政共同主編，收錄該次國際研討會內發表之重要文章，如安藤仁介〈從歷史、法律與政治的觀點看台灣的國際地位〉、蕭欣義〈台灣隸屬中國的迷思與真相〉、淺田正彥〈一九五二年中日和平條約與台灣主權〉、Thomas D. Grant〈從參與聯合國及其他國際組織觀點看台灣的國際地位〉、李相冕〈解決一中問題的主要途徑〉、Stephen J. Yates〈美國政治觀點下的台灣主權地位〉、

Paul Monk〈中國對台灣的主權宣示與地緣政治的未來〉，以及研討會後圓桌論壇〈台灣主權地位的展望與挑戰〉。

一系列座談，可視為台灣智庫在內外交逼的困境之中，試圖與焦慮的台灣社會對話，在可預見的台灣本土派寒冬中，重建社會信任。

「台灣農業」系列論壇與出版物

農業在台灣除了滿足內部人口糧食需求，早在清帝國統治時期，便肩負經濟作物的使命，就算到了二十世紀前半葉，台灣的經濟發展也幾乎是靠農業和農產加工業的支撐。農業在台灣的重要性，可說是大船的壓艙石。二〇〇五年，台灣智庫出版《變局與曙光——台灣農業的現在與未來》一書，由主掌農業論壇的吳明敏教授主編。

《變局與曙光——台灣農業的現在與未來》收錄廣博，為台灣農業短中長期的政策提出建言，本書共分為八個章節，如上冊「全球化與農漁民福利」、「食品安全和市場行銷」、「兩岸農業交流與貿易」、「農民團體再造」、「基層金融改革」；下冊則是「農地和水資源管理」、「山地農業和鄉村發展」，第八章節「個別農產品產業政策」中更細分稻米、園藝、畜牧、漁業、茶和加工食品。這本書是農業、農產加工、農漁會系統領域相關學者的心血結晶，收集四年來的農業具體研究，吳明敏、陳博志、李界木、陳吉仲、蘇煥智、劉健哲、吳榮杰、蔣憲國、戴順發、蕭仁傑等學者，集眾人之功於一書，足見台灣智庫對台灣農業活動的重視。

「轉型正義國際經驗比較」研討會與相關出版物

二〇〇六年受扁案影響，民進黨為鞏固基本盤，進行一連串的正名運動。除了中華郵政改為台灣郵政，也直接挑戰泛藍陣營的威權神主牌，即中正紀念堂的正名。然而，正名只是轉型正義的一部份，若之前台灣社會對轉型正義的內涵與解方並無討論也無共識，那麼貿然的正名只會激起藍綠統獨對立。

二〇〇六年的台灣智庫，便是在台灣社會普遍對轉型正義莫衷一是的情況下，舉辦了「轉型正義國際經驗比較」研討會。該次研討會邀請了數個東歐前共黨國家的學者與政治家，討論的內容集結後，於二〇〇八由徐永明主編，出版《轉型，要不要正義？——新興民主國家與台灣的經驗對話》一書。書中分成兩個篇章，第一章為轉型正義的國際經驗，如 Lothar de Maizière 談東德轉型與黨產清算，Malte Fischer 談黨產調查委員會的德國經驗，Krisztián Ungváry 講匈牙利一九八八至一九九〇年間的政治變革，Andrea Genest 談波蘭處理不當黨產的背景，還有 Algimantas Prazauskas 的立陶宛經驗。第二章為轉型正義在台灣，收錄陳君愷、林佳龍、王時思、汪平雲的文章。

台灣智庫在紛紛擾擾的台灣社會氛圍中，善盡智庫職責，規劃研討會並有相關出版物。由二〇〇六年起，轉型正義這個議題由學術殿堂的討論，進入常民眼簾；對於威權象徵和不義遺址的反思，也逐漸融入民眾生活之中。有如此成果，台灣智庫的貢獻不可抹滅。

Chapter

5

2009-2012

溫水煮青蛙

二次政黨輪替後的台灣智庫

陳水扁執政末期，大多數民意對民進黨政府的信任動搖。加上美國雷曼兄弟信貸危機引發的金融風暴與經濟衰退，馬英九即以二次政黨輪替作為競選主軸，在二〇〇八年當選總統。

馬英九的執政，對台灣，以極速奔向中國市場開始；對綠營，則以查稅掩護的清算開始。當時擔任台灣智庫執行長的鄭麗君表示當時台灣智庫曾經面臨募款阻礙，「捐助台灣智庫的企業面臨查帳」，但台灣智庫在「不怕騷擾」的企業界支持下，也開拓小額募款。即使是面臨報復性的放大檢視，台灣智庫依然堅守政策性、前瞻性擘畫台灣未來的立場；同時，也監督馬英九政府，防範馬陣營以經濟合作為掩護，造成台灣主權的破口。更開始檢討民進黨在二〇〇〇年至二〇〇八年執政的得失，思考未來改革深化的路徑。

馬英九在二〇〇八年五月就任總統後，隨即與中國展開經濟合作的磋商。另外值得注意的一事，二〇〇八年十一月中國海協會會長陳雲林來台，引發大規模衝突。同時，陳雲林訪台期間，中國時報集團收購案買主一夕之間由黎智英的壹傳媒集團變為意識形態極端傾中的旺旺集團蔡衍明，更使馬英九政府與中國往來的對價關係疑雲重重。實際上，陳雲林來台也是馬政府與中國洽簽《海峽兩岸經濟合作架構協議》（ECFA）的前期作業。

台灣智庫隨即在經濟方面於二〇〇八年舉辦「二〇〇八金融CEO論壇——兩岸金融交流與影響」，檢討馬英九政府執政百日後之得失。在台灣主權方面，舉辦「台灣主權地位」國際研討會，詰問馬政府「擱置主權爭議」及中國國民黨片面倡議「九二共識」的實效。

為延續以論述針砭、監督的能量，台灣智庫創辦《思想坦克論壇》，邀集台灣智庫董事長陳博志、中研院亞太區域研究專題中心執行長蕭新煌、中研院台史所助研究員吳叡人、台大經濟系教授林向愷、政大國關中心研究員．前駐美代表吳釗燮等人進行專題演講；《思想坦克》月刊也在此時創刊，在經濟、金融、國防、外交等政策方面邀集專家學者為文探討，成為各方對台灣政策方向的交流與對話平台。在政權輪替後，台灣智庫致力為台灣維持住第二次政黨輪替後，思索台灣發展的能量。

力抗ECFA，兩岸協議民主監督

馬英九執政之初，台灣隨即面臨嚴峻的挑戰。二〇〇九年莫拉克颱風重創台灣，造成嚴重災情。馬英九政府救災不力，甚至一度拒絕美方援助的媚中印象深植人心。而自二〇〇九年起，馬英九政府極力宣傳獲邀以觀察員身分參與「世界衛生大會」（WHA）；然而，立法委員管碧玲指出，我國的受邀其實出於馬英九政府以外交休兵、三通、水果輸中等接受「一中架構」的對價措施來換取觀察員身分，甚至默許世界衛生組織在中國主導下在《國際衛生條約》（IHR）將台灣的高雄港、台中港、基隆港、蘇澳港、花蓮港、麥寮港、金門港、馬祖港等八個港口列為中國港口，更加深國人對馬英九無心固守台灣主權的疑慮。

而馬政府在經濟上向中國傾斜，著眼於近利的性格，第一波的衝擊就是二〇〇九年的澎湖博弈公投。台灣智庫把握澎湖博弈公投的契機，舉辦「從澎湖博弈公投談公投法修正」座談會，邀請綠黨秘書長潘翰聲、反賭博合法化聯盟澎湖代表吳雙澤、中央研究院法律所助理研究員黃國昌、中華大學行政管理系助理教授曾建元等專家學者與民間團體代表出席與談，將陳水扁執政朝小野大時期通過但不符需求的「鳥籠公投」修正問題放置到公共論壇的檯面上，並由林佳龍主編出版《公投與民主——台灣與世界的對話》，參酌瑞士、美國、日本以及東帝汶等國際經驗，檢視台灣公投民主的發展情況。

台灣智庫也針對馬英九政府向中國急奔的經濟政策提出警告。在馬英九政府一方面不顧後果與中國洽簽ＥＣＦＡ，一方面向台灣人民灌輸片面、片斷性的經濟利益時，台灣智庫主辦連串座談和研討會，向社會提出對於ＥＣＦＡ合乎客觀經濟現狀的懷疑。

二〇〇九年，台灣智庫首先發表「ＥＣＦＡ對地方產業與就業影響衝擊之調查」；二〇一〇年，更進一步出版《ＥＣＦＡ，不能說的秘密》一書，台灣智庫董事長陳博志在書中及專訪中表示，「（馬政府）講了很多ＥＣＦＡ的好處，……但中國產品也能免稅賣來台灣而搶去很多人的工作。」對ＥＣＦＡ的反思與監督繼續促成「誰是ＥＣＦＡ新輸家？」記者會。

二〇一〇年四月二十五日，民進黨主席蔡英文與馬英九就

ＥＣＦＡ進行電視辯論；蔡英文提出台灣與中國簽署經濟協議必須「掌握主控權，循序漸進，遵循世界貿易組織的國際協定，維持整體外貿平衡」等主張，以及質疑馬政府堅持ＥＣＦＡ在二〇一〇年六月簽署並生效，將使台灣被「綁進十年開放期程，十年內對中國全面開放」，這與台灣智庫就ＥＣＦＡ問題的研究與警告若合符節。

同時，眼見馬英九政府一意孤行向中國大學開放，包括開放中國學生、中國觀光客來台，也在簽署ＥＣＦＡ方面剛愎自用，台灣智庫由董事陳東升及執行長鄭麗君主持，發表《兩岸協議的民主監督》國會調查報告，預先提出日後將要在馬英九執政末期開花結果的「兩岸協議民主監督」概念。實際上，兩岸協議由人民進行監督，在當時已是民意主流，時任台灣智庫執行長的鄭麗君即表示，在二〇〇九年台灣智庫進行的民意調查顯示，「71.2%的民眾認為與中國簽訂ECFA應該交由台灣人民用公投決定。」台灣智庫在馬英九執政之初對其政策做出的批判及預防，都將在日後馬英九的執政成績中一一獲得印證。

華爾街對美國政策影響力的衰退

當時序進入二〇一〇年代，二〇〇八年雷曼兄弟信貸危機所引起的金融海嘯仍然餘波盪漾。二〇一一年的世界充滿不安與挑戰。當年上半年，美國釋放數千億美元進入國際金融市場；新台幣因而不斷升值，在當年二月一度飆漲到二十八元新台幣兌換一美元。台灣仰賴進出口的經濟結構受到劇烈影響。迫使中央銀行運用匯率升降的手段試圖控管熱錢及外資大規模進出台灣市場造成的衝擊。

二〇一一年三月，東日本發生強烈地震並引發海嘯，以及隨後的核能電廠事故。日本的產業亦在強震及後續連串危機中大受打擊。汽車業、電子產業生產力下降，嚴重影響世界供應鏈。與此同時，希臘國債問題逐漸浮上檯面，瀕臨破產。歐盟德、法、英等國強力介入，試圖以國際貨幣基金組織提供希臘融資，避免希臘經濟因破產而崩潰，卻也因此種下二〇一一年下半年歐洲債務危機反覆出現的禍因。而台灣的金融秩序也並不平靜。馬英九政府規劃「奢侈稅」，對短期持有非自用住宅及土地即進行交易課以10%至15%的重稅，試圖抑制高漲的房價。

因應二〇一一年上半年的動盪，台灣智庫調查民眾對核能、核安及用電之意見；同時，召開「破稅的正義——所得稅制改革與分配正義」論壇，檢討馬英九政府以奢侈稅便宜行事，規避實質的稅制改革及所得分配問題。論壇由台灣智庫執行長鄭麗君主持，台灣智庫諮詢委員呂曜志擔任報告人，並由中正大學社會福利學系副教授呂建德、公平稅改聯盟召集人王榮璋及台北大學財政學系教授蘇建榮擔任與談人。

論壇提出稅制、住宅、社福、教育、就業、環境六大主張，倡議全面檢討攸關人民基本生活的土地與房屋稅制，進而推動法定保留盈餘外之盈餘強制分配，促使企業將盈餘發放給員工及股東，並以取消未分配盈餘課稅，同時加速發展國內債券市場作為配套；推動證券期貨交易所得納入綜合所得稅中的財產交易所得，修訂所得級距與稅率，提高高所得邊際稅率等設計作為長程配套措施。

然而二〇一〇年代之初顯然禍不單行。在歐債危機衝擊國際金融市場之時，美國方面也出現重大問題；美國舉債達到上限，將無法繼續舉債以償還債務，同時也將導致聯邦政府停擺，形同破產。雖然民主、共和兩黨最終取得共識，調高舉債上限，暫時度過風暴，但國力及信譽受到重挫。同時，據台美關係觀察家賴怡忠表示，華爾街金融市場主導美國國策的影響力逐漸衰退與轉向。美國在國際秩序中的影響力因政策導向進入盤整期而衰退，也為台灣帶來新的挑戰。

太陽將有花：反國光石化運動的社運培力

二〇一一年，在陳水扁執政時期因環境影響顧慮而暫緩的國光石化開發案爭議再起。馬英九執政初期重啟國光石化開發投資案，在二〇〇八年允許原訂的雲林離島工業區建廠計畫轉向彰化縣大城鄉。二〇一一年伊始，綠黨發言人潘翰聲，民進黨籍立法委員潘孟安、翁金珠、田秋堇等人率先召開記者會，除質疑國光石化開發案之必要性，也從經濟角度揭發開發案一再提高中油負債，並有導致國內石化產品價格飆漲的風險。在民進黨蔡英文、蘇貞昌皆簽署反國光石化承諾書之際，關注經濟、環保、社會正義的社會力也在馬英九拒絕簽署承諾書的一意孤行之下開始集結。

自二〇一一年年初開始，文化人吳晟、康原，彰師大副校長林明德、彰師大台灣文學所教授周壹忠、吳明德、中興大學台文所副教授楊翠、詩人渡也等人皆公開以維護生態與環境的立場反對國光石化進駐彰化。同時，國光石化投資開發案也觸發年輕世代關注土地及社會議題；超過三千名彰化、台中在地高中生自發展開連署，反對國光石化。高中學生的連署、靜坐，最終向大學擴散，全國學生於焉組成全國青年反國光石化聯盟，先後至環保署、台北賓館、總統府前靜坐守夜，宣示反對國光石化決心。彰化近海的白海豚（媽祖魚）生態，也在這一波青年學生運動中標誌著在地關懷的覺醒。時任副總統的吳敦義以「白海豚也會轉彎」搪塞反國光石化運動的說詞，成為笑柄之餘，也逐漸顯露中國國民黨在意識與立場與台灣脫節的端倪。

國光石化開發投資案最終在美國頁岩氣開採技術取得重大突破後失去經濟效益而告終。但青年學生的集結和運動，在二〇一〇年代初期已展露樸素的在地、社會正義關懷，成為台灣社會力主流的曙光。

九二共識的箍咒

二〇一〇年代初期世界性的金融風暴及經濟不景氣的客觀環境，使馬英九政府的執政基礎並未根本性地受到反國光石化運動所撼動。當馬英九在二〇一二年尋求連任時，提出以中國國民黨一再吹噓的「九二共識」為基礎，與中國洽簽《和平協議》，追求「黃金十年」的政綱。自一九九二年辜汪會談以來，中國國民黨一再片面宣稱「一個中國，各自表述」是中國和中國國民黨政府的「共識」。馬英九所推銷的「九二共識」，美其名曰擱置政治爭議，加強與中國的經濟合作，在「一中」市場中共同創造獲利。全球性的經濟衰退，使馬英九的政見在當時的時空背景下容易獲得選民認同。

但台灣智庫在當時即已洞悉馬英九的政策即將導致更嚴重的分配不正義及貧富差距。同時，也將使台灣的經濟體質更不可逆地依賴中國，鎖進中國的資金及市場裡，最終不得不仰人鼻息。台灣智庫接連在公共論壇及記者會上追問馬英九政府，所追求者，是「誰的『黃金十年』？」智庫董事長陳博志等人，也著書立論，延續對馬英九政府執政之初與中國洽簽ＥＣＦＡ所導致的弊病之質疑，指明馬英九經濟政策飲鴆止渴的弊端，並將台灣民眾的注意力導向更長遠的眼界。

相對於馬英九著眼炒短線、短期獲利的經濟政策，二〇一二年總統大選中，民進黨總統候選人蔡英文基於永續的理念，提出非核家園的政見，以核四不商轉，核一、核二、核三不延役為主軸，訴求避免重蹈日本福島核災之覆轍。同時，提高火力發電效能，提升再生能源比例；並且搭配產業轉型，達成節約能源的目標，也為台灣開創更友善環境也更具前瞻性的發展潛力。蔡英文的許多政策，來自於台灣智庫經常性的研討會及政策發想，曾任台灣智庫執行長的郭建中及鄭麗君即表示，台灣智庫研擬台灣總體經濟戰略，提出台灣十年政綱，往往來自於專家、學者在台灣智庫會議室中的腦力激盪。

馬英九最終在二〇一二年勝選。當選之後，馬英九政府的政策更急速地向中國傾斜，並且有藉由經濟合作掩護中國將台灣納為經濟附庸的態勢。在馬英九政府第二任任期中，台灣的獨立性岌岌可危；中國併吞台灣的觸手，在馬英九掩護下，深入台灣的媒體、經濟、政治體制中。而馬英九政府的剛愎孤行，也一再試探台灣人民的底線，引發日後社會運動的風潮。

Chapter

6

2013-2016

民力大反撲

反媒體壟斷的初試啼聲

馬英九雖在二〇一二年總統大選勝選連任，但他在第二任任期中充滿爭議並受到社會力的反撲。一方面，馬英九的經濟政策急速向中國傾斜；另一方面，中國也利用此一態勢，在經濟、文化方面不斷加強侵略台灣的強度與廣度。二〇一二年的「反媒體壟斷運動」就是馬英九政府在第二任中一意孤行與社會對立的首次大規模衝突。

二〇〇八年，馬英九就任總統後不久，原本經營米製加工食品、在中國發跡的旺旺集團收購了中國時報集團。經營者蔡衍明附和中國並為之作嫁的立場鮮明。蔡衍明掌握的旺旺中時集團進一步在二〇一〇年起準備繼續收購中國電視台、中天電視台以及中嘉有線電視系統。蔡衍明跨媒體經營的野心，首先引起傳播學者擔憂；台灣大學經濟系鄭秀玲、林惠玲，台大新聞所林麗雲、洪貞玲，中央研究院法律研究所副研究員黃國昌等人聯合聲明呼籲反對併購案。台大新聞研究所在二〇一一年九月舉辦「媒體巨獸來了？跨媒體市場集中」座談會，並在十月發起「媒體巨獸出沒請注意」公民連署。

反對併購案的浪潮在短時間內擴散到學生團體，並與「九

○一反壟斷聯盟」合作，展開連串抗議行動。除了組織反媒體壟斷大遊行，也在自由廣場守夜靜坐。二○一二年的反媒體巨獸運動中，「中國因素」首次被正式提出，成為警惕中國侵略的危機意識；同時，也形成了學生運動與社會運動結盟的串聯形式。更重要的是運動者開始廣泛運用社群媒體所能提供的運動能量。反媒體巨獸的運動在海外興起透過網路串聯跨海聲援的風潮。整個運動更在中央研究院院士余英時發表〈奮起抵抗，此其時矣〉的反對媒體壟斷宣言後達到聲勢高峰。

迫於強大的社會壓力，國家通訊傳播委員會（NCC）在二○一二年七月設定旺旺中時集團關係企業、關係人姻親、血親都不可擁有「中天新聞台」；併購前，旗下「中視新聞台」變更為「非新聞台」；中視應設立獨立新聞編審制度送國家通訊傳播委員會審查確認三條件規範旺旺中時集團收購中視、中天、中嘉的併購案。NCC進而在二〇一三年以三項條件未完成宣告併購案失效。

實際上，自二〇一三年起，馬英九政府及整體中國國民黨的執政開始挑起連串民意反彈；但馬政府顯然一意孤行與民意作對。二〇一三年二月，關廠工人連線臥軌抗爭；三月，江翠國中護樹運動；七月進而發生洪仲丘事件，大埔強拆事件，連串的抗爭拉出了一個青年世代不滿政府施政的對立脈絡。「今天拆大埔，明天拆政府」的口號不脛而走，沸騰的民怨導致二〇一四年的太陽花學運及二〇一五年的反課綱運動，最終撼動馬英九的執政基礎。

九月政爭重創馬聲勢

馬英九的政治聲望在反媒體壟斷抗爭後持續低迷，對於國會為其政策背書成效不彰的不滿也日益升高，終於在二〇一三年九月向中國國民黨籍立法院長王金平發動政爭。這一場為期數星期的九月政爭，亦稱為「馬王政爭」。

二〇一三年九月六日，最高法院檢察署特別偵查組召開記者會指控法務部長曾勇夫、台灣高等檢察署檢察長陳守煌涉嫌接受民進黨籍立法委員柯建銘與立法院長王金平的關說。由於不涉刑責而簽結不處分。但馬英九隨即於九月八日在副總統吳敦義及行政院長江宜樺陪同下召開記者會，譴責王金平。九月十日，立法院長王金平緊急自女兒婚宴返國，在桃園國際機場召開記者會，譴責特偵組違法、違憲對國會進行監聽。隔日，馬英九即以中國國民黨主席身分要求中國國民黨考紀會開除王金平黨籍，並在考紀會獲得通過。

但馬英九在九月政爭中最終落居下風。除了王金平在台北地方法院的判決下並未失去立法院長職務之外，特偵組非法監聽國會的情事則連續遭到披露，馬英九自身以及檢察總長黃世銘也深陷瀆職洩密的疑雲之中。約一年之後，高等法院宣判王金平在確認黨籍存在訴訟中勝訴。但此時馬英九與中國國民黨已經陷入反服貿、太陽花學運的泥淖之中。而在學運期間，立法院長王金平始終沒有動用國會警察權，間接使學運能量得以延續；馬英九的民意基礎在學運後徹底崩潰，實是馬王政爭的最終結果。

反服貿與太陽花

馬英九政府與中國簽訂ECFA之後，即開始依據ECFA第四條「服務貿易」規定，展開服務貿易協議之協商。馬英九政府與中國的服務貿易協議將在保險、證券、期貨、商業通訊、營造、環境、觀光及旅遊、娛樂及運動等產業與中國互相鬆綁資金及人員往來。簽訂後不啻實質令台灣經濟產業失去自主性，完全鎖進馬英九預設的一中市場裡。二〇一三年六月二十一日，《海峽兩岸服務貿易協議》在上海簽署。

在《服務貿易協議》簽署後，立法院黨團協商達成共識，「逐條審查，逐條表決；經立法院實質審查通過後，方可啟動生效條款。」朝野並同意審查前須召開二十場公聽會。但中國國民黨籍立法委員張慶忠在一個星期內召開八場公聽會，引起**反服貿黑箱民主陣線**、**黑色島國青年陣線**、**公民覺醒聯盟**等學生及社會運動團體不滿，質疑馬英九政府沒有與業者充分溝通的誠意。

自二〇一四年三月起，立法院內政委員會開始審查《服務貿易協議》。在三月十七日的朝野衝突中，張慶忠宣稱《服務貿易協議》為行政命令，因審查期間已超過三個月，應視同已審查，逕行宣布散會，輿論譁然。三月十八日，以**反黑箱服貿行動聯盟**、**黑色島國青年陣線以及台灣守護民主平台**為主的學生團體組成「三一八青年佔領立院行動」，並由青島東路側門進入立法院佔領議場，要求退回服貿協議，並立專法使台灣、中國簽署協議的監督機制具有法源基礎。反黑箱服貿的「太陽花學運」於焉展開。

「太陽花學運」的量能，一方面循社交媒體平台迅速蔓延至海外，另一方面也在台灣不斷升高。佔領立法院約一週後，佔領立法院議場的部分學生試圖佔領行政院，警方在行政院長江宜樺授意下展開暴力、流血驅離的「三二四行政院事件」。至此，馬英九政府傾中的形象在學生團體及社會輿論中底定，與青年世代對立的立場也難以翻轉。而學生方面，議場內學生團體展現高度自治能力，組成任務編組；議場外也有學生不斷集結、靜坐，形成反包圍警方的態勢；運動學生的組織能力，使太陽花學運在三月三十日全球台灣學生串聯大遊行以及集資在《紐約時報》刊登廣告達到最高峰。

台灣智庫在服貿爭議過程中，多次由民調小組召集人徐永明主持民意調查，並舉行記者會公布調查結果。當時身為前台大經濟系榮譽教授的陳博志及立法委員林佳龍皆曾多次引用經濟調查數據呼籲，馬政府自和中國洽簽ECFA以來，誆稱每年可省下關稅三千億元，與實際節省二百多億元不符；更草率簽署服貿，圖利財團，相關宣傳「講好的，不講壞的」，據此呼籲台灣民眾警覺簽署服貿協議的嚴重後果。

四月初，在立法院長王金平承諾《兩岸協議監督條例》完成立法前不召集與《海峽兩岸服務貿易協議》審議相關的黨團協商會議後，學生在四月十日撤出議場。「太陽花學運」除了為馬英九政府向一中市場疾馳的政策踩下煞車，也拉開中國國民黨政權在第二次政黨輪替執政失敗而崩潰的序幕。

九合一大選藍營慘敗

二〇一四年的太陽花學運後約半年，香港發生訴求行政長官與立法會普選的「佔中運動」。佔中運動的效應除了令台灣、香港的社會運動能量產生連動之外，也深刻影響台灣輿論及社會大眾的印象；太陽花與佔中運動，中國國民黨的形象與立場和中國共產黨越來越接近，種種效應使馬英九主導的中國國民黨在二〇一四年地方公職人員九合一選舉中大敗。

二〇一四年的台北市長選戰在九合一選舉中具有指標性的影響力。中國國民黨提名的台北市長候選人連勝文在參選前，竟獲中國國家主席習近平詢問參選計畫，使反媒體巨獸以來的「中國因素」疑慮更加發酵。另一方面，由蘇貞昌擔任主席的民進黨與無黨籍候選人柯文哲合作；動員黨機器挹注柯文哲競選活動，嘗試終結中國國民黨在台北市的長期執政，同時阻止首位明確獲得中國授意與祝福的候選人在台灣選戰中勝選。

在二〇一四選戰中，中國國民黨始終無法擺脫太陽花學運以來「國民黨不倒，台灣不會好」的呼聲，足見馬英九執政的傾中路線已不被選民認可。最終，民進黨在二〇一四年的九合一選舉中取得桃園、台中、台南、高雄的執政權，並在縣市首長的選舉中贏得十三縣市；選舉結果使民進黨執政地區的人口達到一千四百四十四萬人，佔總人口數將近62％。獲得民進黨挹注的柯文哲贏得台北市長選戰，也使中國國民黨在六都中僅剩新北市的執政權。

台灣智庫在選後由副執行長賴怡忠主持「解讀九合一選舉結果記者會」，邀請台灣智庫民調小組召集人徐永明、中央研究院歐美研究所副研究員黃偉峰、東吳大學政治系兼任教授游盈隆，與南華大學歐洲研究所助理教授王思為，對九合一選舉進行分析與解讀。當時，賴怡忠副執行長即指出，選民在九合一選舉中明確表達對馬英九主導的中央政府不滿。

中國國民黨在九合一選舉中的大敗，直接致使行政院長江宜樺請辭，也迫使馬英九辭去中國國民黨主席。歐美外媒諸如《紐約時報》、《洛杉磯時報》、BBC都觀察到馬英九的執政已喪失台灣民心，也直指馬英九政府失去繼續與中國談判的地位與籌碼。外媒的觀察顯明了從反媒體巨獸到太陽花學運以來的社會力與動員，終於讓台灣在馬英九的傾中政策導致國家主權和經濟自主不可挽救之前懸崖勒馬。雖然，馬英九於二〇一五年十一月在新加坡與中國國家主席習近平會面，台灣、中國自一九四九年分治後首次元首會面卻是徒具形式。二〇一二年就任中國共產黨總書記、二〇一三年出任中國國家主席的習近平，在就任之初提出「中華民族偉大復興的中國夢」政策方向，積極介入國際社會秩序外，也升高併吞台灣的手段及強度。時至「馬習會」，雖然馬英九持續釋出協力的意願，但習近平主導的中國已清楚馬英九失去民意支持，「馬習會」並未簽署任何協議或意向書。反而民進黨在九合一選舉中勝選累積的量能，將在二〇一六年的總統大選中獲得更豐碩的成果。

蔡英文勝選，民進黨完全執政

二〇一六年的總統大選中，中國國民黨由於無法擺脫馬英九政府傾中、食安、核電、洪仲丘命案等執政不力的包袱；甚至，在產生總統候選人的過程中，竟發生廢止已獲得提名的洪秀柱之資格，直接徵召主席朱立倫參選的事件。最終，民進黨總統候選人蔡英文以超越朱立倫三百萬票之姿，贏得總統大選。同時，民進黨也在國會贏得六十八席次，擺脫陳水扁代表民進黨執政時期朝小野大，政策難以推動的窘境。

另外延續太陽花學運量能的新政黨時代力量也一舉在國會

取得五席。蔡英文在勝選時指出「進步力量」贏得選戰。宣告台灣的政局及政治版圖進入嶄新的時代。而民進黨獲得執政權，再次與進取的社會運動力量磨合，也宣告著新的挑戰。

Chapter

7

2017-2021

全面執政，顛簸四起

全面執政的困局

二〇一六年的總統大選及國會改選中，蔡英文代表民進黨贏得總統大位。民進黨不但繼二〇〇〇年後再度取得執政權，也在國會取得多數。蔡英文在勝選後期許民進黨「謙卑，謙卑，再謙卑」，準備邁向民進黨全面執政的新局。

此時，台灣智庫依據民進黨第一次執政的檢討，開始向台灣本土政權的第二次執政提出建言；鄭麗君表示，台灣智庫在馬政府期間已提出「從審議式民主到參與式民主進化」的路線，曾擔任台灣智庫執行長的莊國榮表示，台灣智庫特別著重「人才」的培力，為執政團隊提供能夠參與政策制定和執行的政務人力資源。著眼於國際局勢，台灣智庫在蔡英文總統就任前已派員參與「美日台三方戰略對談」，隨後也邀集美國亞利桑那州州立大學政府事務副校長邵建隆（Matthew James Salmon）、前美國在台協會辦事處處長楊甦棣（Stephen Markley Young）、詹姆斯鎮基金會中國計畫研究員孟沛德（Peter Lawrence Mattis）、史汀生中心日本計畫主任研究員辰巳由紀（Yuki Tatsumi）、全球台灣研究中心（GTI）執行長蕭良其（Russell Hsiao）、全球台灣研究中心諮詢委員簡淑賢（Shirley Kan）等，召開「第一屆台美智庫國際論壇：建構印太新局下台美關係新架構」。

二〇一六年的第三次政黨輪替與陳水扁的第一次政黨輪替，相似之處在於民進黨的勝選都得力於社會運動團體之助力。可以說，兩次執政都背負社會力對於社會不公義改弦更張的期許。延續太陽花學運以迄二〇一四年地方選舉、二〇一六年大選的脈絡，「進步力量」的挹注始終是民進黨從二〇〇八年、二〇一二年兩次敗選中再起的動能。蔡英文也在全面執政之初就積極回應社運與進步力量的期許；以直面社會正義的改革展開執政，也兌現總統大選中的政策承諾。其中以《勞基法》修法以及與《原住民族基本法》相關的《原住民族土地或部落範圍土地劃設辦法》為最主要的改革焦點。

雖然蔡英文政府具有兌現縮短工時及土地正義等競選承諾的意願，但在《勞基法》及「原住民傳統領域」兩項問題仍然與社會運動團體產生摩擦與隔閡。二〇一六年、二〇一七年兩度修正《勞基法》，最終引發了「一例一休」爭議。執政團隊平衡週休二日與特定產業需求的修法方向，實際上出自避免中小企業甚至家族經營製造業生產力被法規綁死的考量，但卻難以符合勞工運動團體的理想性。原住民傳統領域劃設的問題也導致知名原民運動人士的長期抗爭。

蔡英文政府在執政初期面臨的最主要挑戰，非常近似陳水扁執政時期平衡政策與社會運動團體支持的折衝問題。但蔡英文政府更必須面對時代力量、社民黨等已獲得民進黨支持者中進步力量青睞的政黨，進而在立法、政策推動上挑戰甚至牽制執政團隊。這樣的矛盾，使得二〇一八年地方選舉的形勢越發困難。

同時，蔡英文政府的軍公教「18%」年金改革也使部分民意開始站在民進黨執政團隊的對立面。年金改革衝擊的軍公教團體對政府的不滿也使中國國民黨獲得煽動、操弄的空間。反年金改革「八百壯士」的抗爭進一步被操作成世代之爭。如此一來，二〇一六年後的蔡英文政府面臨了腹背受敵的窘境，也就是同時失去標榜進步的年輕世代以及中、老年世代的支持。

蔡英文執政團隊在全面執政初期的困境，更受到新的資訊交換模式所牽制。二〇一〇年代初期以來，在社交媒體上串聯、結盟的社會運動模式，雖然幫助蔡英文在總統大選中取勝，但也在執政後的磨合期放大了執政的困難度。一方面民怨容易快速累積擴散，另一方面，政策上的說服與澄清往往無法即時化解由於資訊落差形成的反對聲浪，最終成為中國及其協力者顛覆蔡英文施政效能的可乘之機。

二〇一七年九月，《勞基法》修法雖獲通過但爭議仍餘波盪漾的半年之後，燕子颱風在日本造成嚴重水患，多處機場關閉，致使台灣遊客受困關西機場。中國操縱的假訊息資訊戰營造駐日代表處協助民眾不力的形象，導致駐大阪經濟文化辦事處處長蘇啟誠自殺，在台灣引起軒然大波，也使蔡英文政府的施政滿意度重挫。同時，也為二〇一八年底的地方選舉蒙上不祥的陰影。

二〇一八：地方選舉及公投挫敗

台灣智庫在國內政局詭譎的客觀環境下，仍持續思索台灣的大戰略；在二〇一八年三月，邀集前美國國防部亞太安全事務助理部長、海軍陸戰隊退役中將格雷格森（Wallace “Chip” Gregson）、日本航空自衛隊退役中將小野田治、日本安全戰略研究機構資深研究員紐舍曼（Grant Newsham）、二〇四九計劃研究所執行主任石明凱（Mark Stokes）、美國戰略國際研究中心太平洋論壇資深專員葛什內克（Kerry Gershneck）等人，召開「印太戰略之下台灣機會」國際論壇，就美國的印太戰略之下，台灣的地緣政治位置面臨哪些危機，發表看法並提出預測。

為求廣納眾議和貼近一般民眾心聲，二〇一八年五月起，原屬專家菁英園地的月刊《思想坦克》，正式轉型為網路平台，除周末日不發稿，日日都有或針對時事，或談論特殊節日、紀念活動、人物的評論文章，所涉範疇有：政治、法律、軍事、外交、教育、經濟、財政、社福、文化、環保、地方自治、婦運、性別運動、原民、影視、體育……，務求菁英之外，亦能汲取更多庶民議題。為求文章不淪為純粹叫罵、固守特殊陣營的純黨派喉舌，《思想坦克》仍延續前此尊重專家學者方向，但也鼓勵年輕世代多言、多想、多辯的風格，在浩瀚網海中已是燈塔高矗的言論新天地。

此時政治隱憂之一是，公投門檻在《公民投票法》二〇一六年修法降低後，二〇一八年史無前例的有十項公民投票案與地方公職人員選舉合併舉辦。十項公投案中，「逐年降低火力發電佔比」、「停止興建燃煤發電機組」、「禁止福島核災地區農產品、食品進口」三案由中國國民黨籍立委領銜提出，其中降低火力發電佔比公投領銜人盧秀燕本身即是中國國民黨提名之台中市長候選人。另外，「婚姻定義限一男一女」、「禁止實施《性別平等教育法》中訂定之同志教育」、「另立專法保障同志婚姻」以及「廢除《電業法》中二〇二五年停止核電機組運轉條文」等四項公投則針對民進黨的保障婚姻平權及能源政策，反對改革的力量企圖以公投結果阻礙蔡英文政府的施政。

中國國民黨利用公投案進行操作，也運用保守力量進行情緒動員，在在使二〇一八年的地方公職人員選舉及公投成為一場對於二〇一四年以來改革、進取聲浪的情緒性反撲。而此一反撲的暴風中心，可說是中國國民黨提名的高雄市長候選人韓國瑜。

原任柯文哲台北市政府農產運銷公司總經理的韓國瑜，在獲得中國國民黨提名為高雄市長候選人後，以情緒性的語言及爭議性的言論迅速累積支持度。彷彿複製二〇一四年台北市長選舉的柯文哲模式而蔚為風潮，遍及全台的「韓粉」一詞甚囂塵上，凝聚了中國國民黨支持者在二〇一四年、二〇一六年兩度落敗的怨氣。

最終，韓國瑜當選高雄市長的外溢效應，使民進黨在六都中僅僅斬獲桃園、台南；在其他縣市中，民進黨執政地區大幅萎縮至僅剩四縣市。二〇一八年地方公職人員選舉及公民投票的大敗，使蔡英文政府的執政成果受到重挫，蔡英文辭卸民進黨主席，且二〇二〇大選恐無法順利連任的擔憂也提前浮現。

雖然如此，就在民進黨忙於清理二〇一八年十一月二十四日大敗的戰場之際，中國國家主席習近平在二〇一九年一月二日發表〈告台灣同胞書〉。中國國民黨自一九九〇年代以來一再宣稱「九二共識」的內涵是「一個中國，各自表述」。然而習近平在〈告台灣同胞書〉文中直接將九二共識定義為「共同努力謀求國家統一」。習近平的發言不啻令中國國民黨從此頓失自圓其說的空間。蔡英文也迅速做出「我們從未接受『九二共識』，台灣絕大多數民意也絕不會接受『一國兩制』，這是『台灣共識』」的回應；為民進黨二次執政立下堅守主權的基調，也拉開民意回流的序章。

釋字七四八的柳暗花明

二〇一八年地方公職人員選舉及公民投票大敗後，行政院長賴清德辭職，蔡英文提名蘇貞昌繼任。蘇貞昌就任行政院長後，因應社群媒體興起及資訊戰而在執政團隊政策說明的資訊交換上改弦易轍。並且，也在二〇一九年完成《公民投票法》修正，使公民投票與大選脫鉤；自二〇二一年起，公民投票每兩年舉辦一次，避免利用多案公民投票干擾大選的情事再度出現。蔡英文政府的婚姻平權政策雖然在二〇一八年的公民投票中遭到重大挫折，但蘇貞昌就任行政院長後，也在因應公投結果的婚姻平權推動上，使民進黨的執政重新站穩腳步。

蘇貞昌行政院長任期中，以社群媒體上美術編輯活潑、生動的發文展開。行政院推行的重大政策，莫不有蘇貞昌本人的擺拍與色彩醒目的文宣進行說明與說服。同時，針對坊間流傳的錯誤訊息，也利用社群媒體迅速澄清，為蔡英文政府的施政補完因資訊落差產生的危機。

婚姻平權政策方面，二〇一八年的公投結果使蔡英文政府必須以專法保障同性婚姻權。然而，在婚姻平權運動中，「專法等於歧視」已經成為廣為運動者接受的論述。總統府副祕書長劉建忻靈光一閃，想到昔日汪平雲構思《兩公約施行法》的啟示，很快地，黨政高層達成協議，因此以「司法院釋字第七四八號解釋施行法」使立法脫離「專法」的泥淖，同時也藉此避免二〇一六年全面執政之初與社會運動團體間的齟齬及衝突。

二〇一九年五月十七日，立法院針對「司法院釋字第七四八號解釋施行法」進行表決。最終《司法院釋字第七四八號解釋施行法》獲得三讀通過，可謂蔡英文政府執政後首次在政策推動上確立與進步力量諒解性合作的模式。蘇貞昌團隊也確立整個行政院在與民眾溝通及資訊交換的作業模式。至此，蔡英文政府的執政終於在中國操弄的假訊息資訊戰中初步站穩腳步。但危機仍然存在，民眾仍需要回復對蔡英文政府信心的臨門一腳。

香港反送中的助力

二〇一九年，香港特區政府在中國共產黨政府授意下，提出《逃犯條例》修正草案。此一修正草案將允許香港犯罪嫌疑人引渡至中國受審。草案已經通過實施，意味香港完全喪失司法獨立的特區地位。自三月起，香港民眾串聯展開數波大規模抗議運動，要求特區政府撤回《逃犯條例》修正草案，「反送中」運動於焉展開。

香港示威者在組織示威遊行外，也發動罷工、罷市、罷課及不合作運動，設置路障，並在街頭設立連儂牆。連串示威活動在二〇一九年六月開始演變為民、警之間的暴力衝突。七月的大規模遊行後，發生元朗襲擊事件；與此同時，示威學生與青少年失蹤、離奇死亡、陳屍街頭的事件連串發生。香港警察濫用暴力，甚至利用詢問之便對青少年施以性暴力的情事時有所聞。

香港特區政府雖在九月撤回《逃犯條例》修正草案，但隨即在十月針對性地制定《禁止蒙面規例》，引發更大規模衝突。隨後，香港民主派在區議會選舉中壓倒性取得近四百席次。香港政局的動盪以及中國共產黨政府的鎮壓手段最終使美國制定

《香港人權與民主法案》，並撤銷香港特殊關稅地位。

「反送中」運動期間，香港特區政府及中國共產黨政府將運動定性為顛覆國家暴動，引發台灣民眾關注；為香港設置連儂牆蔚為風潮之外，許多台灣民眾及團體亦協助香港異議人士來台。然而，中國國民黨籍高雄市長韓國瑜在「反送中」運動之初即進入香港中聯辦拜會，台北市長柯文哲也發表「難免擦槍走火」言論為濫用暴力的港警開脫，在在提高台灣人民的戒心。一方面，自二〇一八敗選以及隨後習近平將九二共識定位為國家統一興起的「亡國感」使得台灣人將香港的命運當作前車之鑑，另一方面也從中洞悉中國協力者附和獨裁的用心。

二〇一九年的反送中運動再度使「中國因素」成為二〇二〇年台灣總統大選中各方無法規避的嚴峻問題。「亡國感」、「中國因素」也讓執政黨得以順勢完成「國安五法」修訂。在《刑法》

「外患罪」範圍納入中國、港澳與境外敵對勢力；在《國家機密保護法》列入公務涉及機密之退離職人員出境管制最長六年，洩密最重判刑十五年；在《國家安全法》提高「為敵發展組織罪」刑責，軍公教若成「共諜」，將被追回退休金，網絡也納入「國安」範疇；在《兩岸人民關係條例》增訂第五條之三，兩岸協商簽署政治議題之協議，應經過立法院雙審議及人民公投，在《兩岸人民關係條例》明定少將以上退役將領、涉密政務副首長以上人員，終身管制參與大陸政治性活動，若認定妨害國家利益及尊嚴，且違反情節重大，最重將剝奪月退俸。更制定《反滲透法》，明定不得接受滲透來源的委託、指示或資助而從事捐贈政治獻金、競選、遊說、擾亂社會秩序、妨礙集會遊行等相關活動。

此時，台灣智庫也在此時繼續與美、日等國智庫合作，以戰略性的思考穩定台灣社會動向，在二〇一九年十二月邀集前美國在台協會台北辦事處處長楊甦棣博士（Stephen M. Young）、前美國防部助理部長葛里森（Lt. Gen. (Ret) Wallace Gregson）、美國智庫「二〇四九計畫研究所」執行長石明凱（Mark Stokes）、前美國國會研究服務處（CRS）亞洲安全事務專家簡淑賢（Shirley Kan）、財團法人「國防安全研究院」執行長林正義，以及「全球台灣研究中心」執行長蕭良其（Russell Hsiao），舉辦「邁向全球化的台美關係：超越台灣海峽的合作夥伴？」國際論壇。為台灣在超越台海維和與國際生存框架的觀照下，找尋區域與國際定位。

蔡英文的初選、勝選及韓國瑜被罷免

就在香港反送中運動伊始，民進黨也開始二〇二〇年總統候選人的提名選務工作。賴清德、蔡英文先後登記，形成兩人爭取民進黨提名的局面。二〇一九年民進黨總統候選人提名選務，過程雖有因應選情由同額競選轉變為兩人競選而修改初選辦法的風波，最後仍由蔡英文勝出，獲得民進黨提名競選連任。在初選對比式民調中，蔡英文對比中國國民黨韓國瑜、無黨籍柯文哲的支持度皆高於賴清德，領銜帶領民進黨進軍二〇二〇年總統及國會大選，並宣布提名初選對手賴清德為競選搭檔。

中國國民黨方面，在初選期間傳出鴻海集團董事長有意參選爭取提名，由當時中國國民黨主席吳敦義授予榮譽黨員身分參選。而甫在二〇一八年年底當選高雄市長的韓國瑜也宣布參與中國國民黨初選，與朱立倫、郭台銘、周錫瑋、張亞中爭取總統候選人提名。韓國瑜雖在中國國民黨總統候選人初選中勝出，但就職未滿一年即北上投入總統選戰已引發民怨。

韓國瑜獲得中國國民黨提名後，高雄民眾自主發起市長罷免案，並展開連署。韓國瑜及中國國民黨背棄高雄選民託付的舉措，使提起罷免案的領銜人得以宣傳將在總統大選結束後，韓國瑜就職高雄市長屆滿一年之際馬上遞件提請罷免，以讓韓國瑜在總統大選及罷免選舉中遭到「雙殺」作為號召。至此，中國國民黨在總統選戰中的軍心已經受到重挫。

二〇二〇年一月總統大選前，衛生福利部已觀察到中國武漢發生不明肺炎病毒疫情；雖然大選在即，仍然立即展開因應部署。韓國瑜在總統大選中仍然試圖以情緒性的語言及空洞的口號複製二〇一八年在高雄的勝選，但他在高雄的執政成績以及擅離職守，加以完全無力提出具有說服力的中國政策，已導致信用破產。最終，民進黨候選人蔡英文以超過八百一十七萬票的高得票率贏得連任。民進黨在立法院也維持多數黨主導地位。

韓國瑜敗選後，果然立即面臨罷免案。二〇二〇年六月六日，韓國瑜以九十三萬票遭到罷免。自二〇一八年興起的民粹式「韓流」暫告一段落。韓國瑜此一政治品牌的敗亡，與他的當選高雄市長一樣具有外溢及共伴效應；二〇二〇大選後，中國國民黨無論在中國政策或內政上的論述陷入進退失據的境地。隨著大選後中國武漢肺炎疫情隨即襲來，中國國民黨在疫情期間淪為全面附和中國干擾台灣防疫的協力者。

美中對抗及COVID-19下的台灣

自二〇一八年起，美國與中國在智慧財產權及貿易商業機密問題上屢次發生爭端。貿易談判屢次破局，使美國自二〇一八年起宣布對三百四十億美元的中國商品課徵25%額外關稅；中國也以報復性關稅回擊，「美中貿易戰」展開。香港反送中運動期間，美國總統川普在二〇一九年五月五日宣布再對兩千五百億美元的中國商品課徵額外關稅。日後，美、中對彼此商品課徵報復性關稅的對峙日益升高。雖然川普在二〇二〇年底美國總統大選並未贏得連任，但民主黨籍新任總統拜登雖宣示將與中國進行貿易談判，但至今並未實質停止對中國商品課徵額外關稅。

在美、中貿易戰方酣之際，源自中國武漢的COVID-19疫情自二〇二〇年上半年起蔓延全球，直至二〇二一年疫情仍未全面獲得有效控制。雖然各國已開始全面性疫苗施打，但變種病毒株仍然在世界各國造成第三波、第四波疫情蔓延。截至二〇二一年十一月中旬，COVID-19已在全球造成兩億五千多萬人染疫，超過五百萬人死亡。二〇二一年，美國總統拜登責成情報機構調查釐清中國對世界疫情應負責任。COVID-19對舉世造成的衝擊，仍在持續。而中國武漢肺炎造成全球大流行的餘波，事實上是美、中對抗的實質戰場。中國國家主席習近平在二〇一三年提出「中國夢」及「一帶一路」等政策方向後，以經濟合作及金融作為掩護，強力向世界輸出反民主的中國模式治理經驗；不但企圖改寫普世價值，甚而出手攫取世界秩序的詮釋權及主導權。武漢肺炎全球疫情的下半場，見證了美國、中國在疫苗供應、政策結盟的競爭中隱隱成形的新壁壘。

由於台灣在早期發現疫情消息，並提早開始部署，交通部長林佳龍嚴控邊境，即時停止中國旅客入境，因而能夠快速控制疫情。在疫情蔓延之初，衛生福利部長陳時中的團隊一方面運用二〇〇三年SARS重創台灣獲得之經驗進行疫調及潛在受感染者匡列；另一方面，善用中央疫情指揮中心一級開設跨部會權責，逐步全面提升口罩產能，使台灣在防疫措施和防疫資源上得以早疫情蔓延一步。

台灣在二〇二〇年上半年即已控制疫情，使生產力不受嚴重衝擊；在世界各國為控制病毒疲於奔命之際，台灣得以運用生產力補完世界供應鏈之缺口。二〇二〇年台灣的經濟成長率在疫情衝擊下不降反升。並且，自二〇二〇年下半年開始，台灣向世界各國捐贈口罩等防疫物資，「Taiwan Can Help」的美名不脛而走。

二〇二〇年七月三十日前總統李登輝病逝，其後台灣智庫舉辦一連串「李登輝學」系列座談會，就國際兩岸、憲政改革、經貿戰略、農業政策、民主轉型等層面，陸續邀集故宮博物院院長吳密察主持，政大文學院院長薛化元、中研院台史所副研究員吳叡人、實踐大學應用日文系助理教授蔡亦竹、中研院民族學研究所助研究員黃智慧、台大社會系教授陳東升、前文化部長鄭麗君、嘉義縣長翁章梁、立法委員邱顯智、促轉會主委楊翠，以及《VERSE》發行人張鐵志等人，深刻研討李登輝總統在國家治理上留給台灣的遺產。系列研討會討論「李登輝主政時代下的台灣（一九八八－二〇〇〇）」、「世代觀點看李登輝——從政治改革到社會改革」、「李登輝的精神與傳承」及「二十一世紀台灣要到哪裡去」等議題，並出版《李登輝學 X 學李登輝：民主台灣的時代精神、歷史意識與政治領導》一書。

二〇二一年五月，台灣的防疫工作在境外感染入侵下出現破口。五月十五日進入全國防疫三級警戒。雖然蔡英文政府在二〇二〇年已多方採購疫苗，但到貨情況並不理想。中國國民黨、台灣民眾黨開始協同中國攻擊蔡英文政府的防疫工作。所幸美國、日本、立陶宛、捷克、波蘭、斯洛伐克等國陸續捐贈疫苗，台灣一度吃緊的防疫工作得以獲得補強。經歷四個月的三級警戒後，台灣在九月底再次控制住疫情。蔡英文政府的防疫工作獲得民眾認可，執政團隊也超過六成的滿意度，邁向第二任期後半與二〇二二年地方公職人員選舉。

台灣智庫在鑒往之後，更領先群倫，率先提出「挑戰二〇三二」（屆時台灣總統與中國領導人的產出成黃金交叉），希望拓展知來的想像、視野。同時為呼應年輕世代，二〇二一年下半年開辦了Podcast「思想談客」平台，希望把複雜的公共議題透過對話傳達給一般受眾；以及主辦「NGO募資培力工作坊」，力求幫助有潛力、有理想的年輕工作者，讓他們有資源可以實現正義公理、深入政府觸及不到的角落作公益行動。

二〇二一年十一月二十三日，台灣智庫於台大醫院國際會議中心舉辦創立二十週年暨論壇「二〇三二國家新願景・跨世代對話」。邀請總統蔡英文、立法院長游錫堃蒞會致詞，並進行二十周年點燈儀式。當天蒞會的產官學各界菁英凡兩百多人，三場論壇「台灣智庫二十年角色與貢獻」、「新時代與新世代的智庫角色與責任」、「二〇三二國家新願景、跨世代對話」貫穿過去、現在與未來，盛況空前、討論熱絡。這也正是台灣智庫以行動、展望、維新呈現特色，並持續走下去的精神所在。

附錄

台灣智庫創立時期捐助芳名錄

序	捐贈分類	捐贈芳名錄
1	事業團體捐助	1. 三商行股份有限公司（現更名三商投資控股股份有限公司） 2. 日盛證券股份有限公司 3. 仁寶電腦工業股份有限公司 4. 合森股份有限公司 5. 奇美實業股份有限公司 6. 財團法人台灣工業銀行教育基金會（現更名財團法人王道銀行教育基金會） 7. 財團法人林公熊徵學田基金會（現更名財團法人林熊徵學田基金會） 8. 國泰人壽保險股份有限公司 9. 富邦票券金融股份有限公司 10. 富邦產物保險股份有限公司 11. 富邦商業銀行股份有限公司（現更名台北富邦商業銀行股份有限公司） 12. 富美股份有限公司 13. 義美食品股份有限公司
2	個人捐助	1. 吳榮建 2. 林佳龍 3. 林鐘雄 4. 殷　琪 5. 許文龍

※按照台灣智庫組織章程第三條：「本會設立基金共新台幣陸仟萬元整，（下略）。俟本會依法完成財團法人相關登記後，得繼續接受捐贈。」

台灣智庫、台灣與國際大事紀

年	台灣智庫的活動	台灣與國際
2001	台灣智庫成立 參與「全國經濟發展會議」 推動「政府改造計畫」 提出「第一次金融改革」芻議	・1 月 15 日，釋字 520 號宣布行政院片面停建核四違憲。 ・2 月 14 日，行政院宣布核四復工。 ・6 月 28 日，中華民國立法院三讀通過《金融控股公司法》，自 11 月 1 日起實施。開啓台灣金融控股時代，以及民進黨政府一次與二次金改。 ・7 月 29 日，中度颱風桃芝侵襲台灣，重創中部。 ・12 月 1 日，民進黨於第 5 屆立法委員選舉贏得 87 席、首次成為國會最大黨，中國國民黨 68 席、親民黨 46 席、台灣團結聯盟 13 席、新黨 1 席。 ・12 月 11 日，中國加入 WTO。27 日，美國給予中國永久正常貿易關係地位。
2002	發表「讓台灣轉型成功：對新政府的期許與建議 倡議「台灣經濟發展戰略」並舉辦相關研討會	・1 月 1 日，台灣以「台澎金馬獨立關稅領域」名稱正式加入世界貿易組織。5 月 17 日，德國國會成功通過了補充法案《廢除國家社會主義法案》（Act of Abolition of National Socialism），撤銷納粹德國時代對同性戀者及德意志國防軍逃兵的判罪。

年	台灣智庫的活動	台灣與國際
2002	倡議「多核心產業聚落」概念，並舉辦相關座談	・5月20日，東帝汶民主共和國成立。 ・5月24日，俄羅斯總統普京與美國總統喬治・沃克・布希在莫斯科簽署《俄美關於削減進攻性戰略力量條約》和《俄美新戰略關係聯合宣言》。 ・8月3日，中華民國總統陳水扁在世界台灣人大會視訊會議上，公開表示台灣海峽兩岸關係是「一邊一國」。 ・台灣內部討論八吋晶圓廠是否西進
	八吋晶圓西進政策辯論會	
	發表「知識經濟政策」	
	舉辦第一回合「美日台三邊戰略對話」（台北）	
	發表「農業政策」新書	
	倡導「積極性社會福利政策」	
	完成「台灣文化指標研究案」	
2003	「公民投票國際經驗交流」研討會	・1月18日：總統陳水扁在總統府以茶會款待來台參加「國際國會議員亞太地區安全會議」的各國六十餘位國會議員時，嚴斥日本經濟學家大前研一之「中華聯邦」論，並指所謂「一國兩制」台灣人民都無法接受了，何況比一國兩制「更糟糕」的聯邦。
	發表「台灣智庫對公投立法的主張與呼籲」	

年	台灣智庫的活動	台灣與國際
2003	舉辦「美日台三邊戰略對話」第二（東京）及第三回合（華府） 「挑戰朝野：加速金融改革」研討會 發表「台灣智庫對金融產業發展的主張」 出版《未來中國—退化的極權主義》	・5月，SARS在中國、香港、台灣爆發，導致台灣和平醫院封院，多名醫護與患者死亡。 ・10月12日，賴比瑞亞宣布與中華民國中斷外交關係，重新與中華人民共和國建交。 ・11月27日，立法院制訂通過《公民投票法》，台灣成為東亞第一個採行公民投票的國家。
2004	發起「點燃公投民主的火花」聯署活動 「公投民主在台灣」研討會 推動成立「台灣農業產學聯盟」 「人口與社會政策」專案會議 不定期舉辦文化沙龍	・2月28日，民進黨與本土陣營舉行二二八牽手護台灣活動。 ・3月19日，時任中華民國總統的陳水扁與副總統呂秀蓮在競選下一屆總統選舉活動的最後一天，於台南市遭到槍擊，史稱三一九槍擊案。 ・3月20日，陳呂配勝選。 ・6月23日，中華民國公布《性別平等教育法》。 ・11月4日，2004年中華民國總統大選當選無效之訴宣判，連戰、宋楚瑜敗訴。

年	台灣智庫的活動	台灣與國際
2004	「提升產學合作」北中南分區系列座談	
	「中台灣科技與傳統產業整合升級」研討會	
	出版《台灣經濟戰略—從虎尾到全球化》	
	「台日印民主價值合作之展望」國際研討會	
	建立民進黨執政政績與政見資料庫	
2005	「中國反分裂法」系列座談會	・3 月 26 日，台灣數十萬人民聚集在台北市，舉行三二六護台灣大遊行，以抗議中華人民共和國通過《反分裂國家法》。 ・4 月 26 日，中國國民黨展開 2005 年中國國民黨和平之旅。 ・5 月 5 日，台灣親民黨展開 2005 年親民黨搭橋之旅
	「憲政論壇」系列學術座談會	
	審議式民主之實務工作坊及國際研討會	

年	台灣智庫的活動	台灣與國際
2005	大台中發展戰略高峰會 發表「人口組成變遷與未來人口政策方向」建言 「全國商業發展會議」 出版《變局與曙光—台灣農業的現在與未來（上）》	・5 月 14 日，台灣與諾魯建交。2005 年中華民國任務型國代選舉舉行。 ・6 月 7 日，台灣國民大會複決通過修憲案，廢除國民大會，國民大會正式走入歷史。 ・7 月 16 日，2005 年中國國民黨黨主席選舉，由台北市長馬英九以得票率 72.4%，超過 23 萬票的差距當選。 ・7 月爆發中華職棒簽賭案。 ・8 月 14 日，民主太平洋聯盟在台北市圓山大飯店舉行成立大會，共計有 26 國元首及政要參加。 ・9 月 13 日，由友邦甘比亞等國所提出台灣「參與 UN 案」與「和平案」，但最後台灣第十三度向聯合國叩關失敗。 ・9 月 20 日，陳水扁總統率領民進黨主席、台聯黨主席及多位部長啓程展開「攜手登峰、永續共榮之旅」。 ・10 月 25 日，外交部宣布與塞內加爾斷交。隔日塞國宣布與中國復交。 ・12 月 3 日，2005 年中華民國三合一選舉順利完成。
2006	「台北市長選舉審議辯論會」 轉型正義系列座談會	・2 月 27 日：中華民國總統陳水扁正式宣布「終止」無法源依據的國家統一綱領之適用及國家統一委員會之運作。 ・3 月 22 日，馬英九訪美，強調臺海兩岸維持現狀。

年	台灣智庫的活動	台灣與國際
2006	「東亞貨幣合作的挑戰與機會」論壇	・5月4日，總統陳水扁展開「和平永續，邦誼永固」之旅，訪問友邦巴拉圭、哥斯大黎加。 ・5月11日：瑞士洛桑國際管理學院（IMD）發布《2006年世界競爭力黃皮書》，美國排名第一，香港排名第二，臺灣排名第18位。 ・5月18日，總統陳水扁親家趙玉柱疑似涉入台開股票內線交易。 ・6月27日，立法院臨時會就罷免陳水扁總統案進行投票表決，結果為贊成119票、無效票14票，未能通過三分之二（148票）的門檻，罷免案闖關失敗。 ・7月15日，七一五親綠學者發表聲明盼陳水扁自行請辭。 ・8月6日，台灣與查德斷交，同時譴責中共干預我國外交事務。 ・8月12日，施明德發起「百萬人民反貪腐運動」（又稱紅衫軍）。 ・11月3日，國務機要費案偵察終結，檢方認定總統陳水扁與其妻吳淑珍涉嫌貪污及偽造文書罪。吳淑珍等4人被提起公訴。 ・12月9日，2006年北高市長及市議員選舉舉行投票，台北市長由中國國民黨候選人郝龍斌當選，高雄市長由民進黨候選人陳菊當選。
	參與「再造台灣經濟新高峰」研究計畫	
	整理各國「一中政策」相關論述與實踐	
	「東北亞安全之危機與發展」國際研討會	
	創辦「台灣論壇」	
	出版《毛巾戰爭—WTO與兩岸貿易糾紛》	
	企業金融研討會	

年	台灣智庫的活動	台灣與國際
2007	正視私募股權基金 汪平雲律師追思會 曾茂興先生追思會	・1月5日，台灣高鐵通車營運，台灣西部走廊進入一日生活圈。 ・1月8日，總統陳水扁晚間率團訪問尼加拉瓜。 ・1月25日，台灣民主基金會舉辦全球新興民主論壇倡議大會。 ・2月12日，中華郵政更名台灣郵政。 ・4月25日，中華民國與聖露西亞恢復外交關係。 ・5月19日，台北市中正紀念堂正式改名為台灣民主紀念館。 ・6月23日，美國表示反對台灣入聯公投。 ・9月9日，第一屆「台非元首高峰會」，各國簽署《台北宣言》。
2008	百日怒吼大遊行 2008金融CEO論壇—兩岸金融交流與影響	・1月12日，2008年中華民國立法委員選舉首次實施單一選區兩票制。 ・1月14日，馬拉威與中國復交、與台灣斷交。 ・3月22日，馬英九與蕭萬長當選中華民國第12任正副總統。 ・5月1日，爆發巴紐案。 ・5月18日，蔡英文當選民進黨第12任黨主席。

年	台灣智庫的活動	台灣與國際
2008	「台灣主權地位」國際研討會，針對台灣主權地位發表重要論述並出版成冊《解開台灣主權密碼》及 *Unlocking the secret ot Taiwan's sovereignty*	・6 月 11 日，海基會董事長江丙坤率領代表團經澳門到達北京，進行「兩岸互信協商之旅」。 ・10 月 25 日，1025 反黑心顧台灣大遊行於台北市舉行，60 萬人上街表達對總統馬英九及其政府於兩岸、經濟、食品衛生等方面施政的不滿。 ・11 月 4 日，第二次江陳會談在台北圓山飯店登場，陳雲林受到民眾抗議。 ・11 月 6 日，野草莓運動在行政院前靜坐，抗議馬政府對陳抗民眾不當對待，並要求修正集遊法。 ・12 月 12 日，扁家疑洗錢案、國務機要費案、南港展覽館弊案、竹科龍潭園區購地弊案等扁家四大弊案偵查終結，特偵組向法院請求對陳水扁量處「最嚴厲之刑」。
	創辦台灣思想坦克論壇	
	「台灣國家治理論壇」系列座談會	
	出版《轉型，要不要正義？─新興民主國家與台灣的經驗對話》	
	出版《歐洲聯盟法總論》	
	建立民進黨執政八年之政績與政見資料庫	

年	台灣智庫的活動	台灣與國際
2009	思想坦克季刊試擬	・4 月 26 日，海基會董事長江丙坤與中國大陸海協會會長陳雲林在南京舉行第三次會談。 ・8 月 8 日至 8 月 10 日，莫拉克颱風造成台灣南部與東部大洪水。8 月 11 日，內政部空勤總隊飛行員因莫拉克颱風，在執行搜救運補任務時墜機殉職。 ・9 月 26 日，舉行澎湖縣博弈公投。 ・12 月 22 日，第四次江陳會，進行兩岸簽訂 ECFA 的談判。
	思想坦克雙月刊創刊	
	「從澎湖博弈公投談公投法修正」座談會	
	「思想坦克到你家」行動智庫活動	
	「懸崖邊緣的台灣：馬政府執政周年總體檢」記者會	
	「陳雲林來台週年：民主人權冥誕」記者會	
	成立「兩岸修法監督小組」	
	「怒！八八水災卸責不能掩蓋真相」記者會	
	「台灣需要什麼樣的長期照護制度？」座談會	

年	台灣智庫的活動	台灣與國際
2009	「ECFA 對地方產業與就業影響衝擊之調查」	
	出版《公投與民主—台灣與世界的對話》	
2010	出版《ECFA，不能說的秘密？》	・1月5日，立法院三讀通過《食品衛生管理法》第十一條修正案，禁止美國牛頭骨、腦、眼、脊髓、絞肉、內臟進口。 ・4月25日，總統兼中國國民黨主席馬英九與民進黨主席蔡英文首次就 ECFA 議題進行電視辯論。 ・6月29日，海基會董事長江丙坤與中國大陸海協會會長陳雲林在重慶舉行的第五次江陳會談中，正式簽署《海峽兩岸經濟合作架構協議》（ECFA），並於9月12日生效。 ・11月27日，五都市長及市議員選舉舉行投開票，郝龍斌、朱立倫、胡志強、賴清德、陳菊分別當選為台北、新北、台中、台南、高雄市市長。 ・12月21日，第六次江陳會談在台北市圓山飯店舉行，會中簽署兩岸醫藥衛生合作協議，海協會會長陳雲林則在會後與陸委會主委賴幸媛會晤。
	「誰是 ECFA 新輸家」記者會	
	發表「兩岸協議的民主監督」國會調查報告	
	關切馬政府開放中生來台就學，並提出公開呼籲	
	「邁向台灣第三波民主改革」研討會	
	創辦「問政下午茶」	

年	台灣智庫的活動	台灣與國際
2010	「是誰扼殺台灣公投民主的坦克車？」記者會	
	發表「大高雄如何振興產業、再造經濟」建言	
	推動「第一次政黨輪替經驗與回顧」研究計畫	
	發表「南部如何重整與再造」建言	
	出版《逆境求生—2001~2010 台灣農業議題追索》	
	針對社會住宅政策，對五都候選人提出建言	
	針對重大公共政策推動小型專案委託研究	
2011	「誰的黃金十年？」記者會	• 3 月 11 日，日本發生 311 大地震，並引發福島核災。台灣政府與人民對日本震災展開援助。

年	台灣智庫的活動	台灣與國際
2011	調查民眾在日本核災後對核電、核安的看法 批判馬政府用奢侈稅逃避真正的稅制改革與所得分配惡化問題 提出稅制、住宅、社福、教育、就業、環境六大主張 「檢視參與式民主的實踐」研討會 十週年感恩餐會暨「改革與前瞻」研討會	・4月15日，備受各界關注、俗稱「奢侈稅」的《特種貨物及勞務稅條例》在立法院三讀通過。 ・4月22日，針對反對聲浪不斷的國光石化開發案，馬英九總統公開表態政府不支持繼續在彰化設廠，代表該開發案將暫緩推動。 ・6月28日，陸客自由行正式啟動，中國大陸方面先行開放北京、上海、廈門等3個城市居民赴台觀光。 ・7月11日，衛生署國民健康局公布臺灣老化地圖。 ・8月23日，民進黨總統參選人蔡英文在黨內活動中，表示兩岸並不存在九二共識，並宣示將推動「臺灣共識」。 ・12月4日，舉行2012總統大選第一場電視辯論，馬英九、蔡英文、宋楚瑜3位候選人就外交、兩岸、經濟民生為首的諸多議題上進行辯述。
2012	選後分析國際記者會 「馬政府稅改玩真的？檢視財政部證所稅方案」記者會	・1月14日，第十三任總統由馬蕭連任。 ・3月5日，針對美牛問題，行政院在晚間以新聞稿宣布對飼料添加萊克多巴胺的牛肉「有條件解禁」，並提出「安全容許、牛豬分離、強制標示、排除內臟」的原則，其他種類的瘦肉精則不在解禁範圍。 ・4月12日，經濟部召開記者會宣布新電價方案，後又宣布調整油價，史稱油電雙漲。

年	台灣智庫的活動	台灣與國際
2012	「馬政府稅改玩真的？檢視財政部證所稅方案」記者會 「揭開台電經營改善報告的真相」記者會 「香港第五屆立法會選舉之解讀」記者會 「假改革，真唬弄！：拿下中油經營改善報告的假面具」記者會	・4月26日，行政院院會通過《所得稅法》及《所得基本稅額條例》部分條文修正草案。 ・7月25日，立法院臨時會三讀通過《所得稅法》與《所得基本稅額條例》部分條文修正案，正式從2013年起復徵證所稅；攸關美牛問題的《食品衛生管理法》修正案亦於同日通過，未來只要符合衛生署所訂萊克多巴胺安全容許殘量標準的牛肉，都將開放進口。 ・7月25日，國家通訊傳播委員會（NCC）在晚間有條件通過旺旺中時媒體集團併購台灣最大有線電視系統商中嘉網路案。
2013	國際核電風險溝通研討會 陳光誠訪台立法院演講會 大台中發展高峰會	・1月9日，中國國民黨在立院擋下《有線廣播電視法》、《衛星廣播電視法》、《廣播電視法》等廣電三法修正案版本。 ・3月9日，紀念日本311大地震與福島核災，由綠盟等150個民間團體發起反核遊行。 ・7月11日，陸軍裝甲542旅發生洪仲秋案，引發7月20日「公民教召」遊行和8月3日的「萬人送仲丘」晚會。後8月6日，立法院三讀通過《軍事審判法》修正案。 ・8月18日，臺灣農村陣線發起「大埔強拆民宅事件滿月重返凱道」行動，大批民眾走上凱道，呼籲政府承諾修訂《土地徵收條例》。

年	台灣智庫的活動	台灣與國際
2014	解讀九合一選舉結果國際記者會	・3 月 18 日至 4 月 10，太陽花學運「佔領立法院」。4 月 28 日，警方出動鎮暴水車驅離忠孝西路上的反核四抗議群眾。 ・9 月 28 日，香港佔領中環爭取真普選，史稱「雨傘運動」。 ・2014 年台灣發生劣質油混充食用油，並釀成食安風暴。 ・11 月 29 日，2014 年九合一地方選舉結束，中國國民黨大敗。
2016	「2016 台美關係展望」圓桌論壇（媒體座談會） 美日台三方戰略對話 林佳龍市長與印尼投資調整部部長 Mr. Franky Sibarani（Chairman of BKPM）對談 「全球與區域安全及挑戰國際學術研討會」，與全球安全和國防事務研究院 Institute for Global Security	• 2 月 4 日，復興航空 GE235 班機墜毀於基隆河。 • 2 月 14 日，臺北市港湖區舉行第 8 屆立法委員蔡正元罷免案投票。 • 6 月 27 日，新北市八仙水上樂園發生粉塵爆炸事故。 • 7 月 23 日至 30 日，反課綱微調運動。 • 10 月 17 日，中國國民黨「換柱」並改推朱立倫參選總統。 • 11 月 7 日，在新加坡舉行馬習會。 • 11 月 26 日，亞東關係協會與日本交流協會代表臺灣與日本兩國於第 40 屆台日經濟貿易會議閉幕後共同簽署《避免雙重課稅協定》、《競爭法適用備忘錄》及《災防交流合作備忘錄》等三項文件。 • 12 月 25 日，涉入合宜住宅弊案，趙藤雄被判刑。

年	台灣智庫的活動	台灣與國際
	and Defense Affairs（IGSDA）共同主辦。	
2017	台美科技經貿論壇：科技、貿易政策和台美關係	• 1 月 16 日，總統及立委選舉，由民進黨籍蔡英文、陳建仁當選正副總統；立法委員則有民進黨、中國國民黨、時代力量、親民黨、無黨團結聯盟五政黨取得席次。 • 7 月 1 日，海軍金江號巡邏艦上午執行系統檢測時誤射雄風三型反艦飛彈。 • 8 月 1 日，蔡英文總統代表中華民國政府向台灣原住民道歉。 • 12 月 6 日，立法院在民進黨人數優勢下三讀通過《勞動基準法》修正草案，實施一例一休、砍除勞工七天國定假日。
	赴美參加美日台三方戰略對談	
	第一屆台美智庫國際論壇：建構印太新局下台美關係新架構	
	台灣智庫與美國樹城州立大學簽署合作協議書	
	「臺中崛起與國家均衡發展」研討會	
2018	美日台三方戰略對談：印太戰略之下之台灣機會	• 2 月 6 日，花蓮大地震，造成多數大樓坍塌。 • 3 月 16 日，美國參議院及眾議院兩院通過及美國總統川普簽署生效台灣旅行法。 • 5 月 1 日，多明尼加政府宣布與中共建交，並與台灣斷交。5 月 24 日，布吉納法索宣布與台灣斷交。
	六四紀念晚會	
	台灣師生赴中國任教留學之風險與挑戰座談會	

年	台灣智庫的活動	台灣與國際
2018	產業創新與創業論壇高峰會	• 7 月，口蹄疫拔針，台灣豬可望於 2019 年自口蹄疫區除名，但同年底中國爆發非洲豬瘟，台灣海關加強檢查、嚴陣以待。 • 11 月 24 日，民進黨於地方大選失去多個執政縣市，公投案也全面受挫。 • 12 月 31 日，美國參議院及衆議院兩院通過及美國總統川普簽署生效 2018 年亞洲再保證倡議法第 209 條款，重申支持美國與台灣間政治、經濟及安全的合作；亦要求美國總統應定期對台軍售，並依台灣旅行法派遣高階官員訪問台灣。另在第 205 條款將台灣納入美國應肯定的夥伴交往之列。
	第二屆台美智庫國際論壇建構印太新局下台美關係新架構：台美如何共同面對中國銳實力？	
2019	「觀光產業發展會議」	• 3 月 31 日，中共軍機越過臺灣海峽中線，並進入臺灣西南面空域飛行。此次事件是 1999 年後中國首度有意挑釁的行為。 • 5 月 7 日，美國衆議院通過「2019 年臺灣保證法案」與「重新確認美國對台及對執行台灣關係法承諾」決議案。臺灣保證法要求對臺軍售應常態化、重啓臺美貿易協定會談，支持臺灣參與國際組織。 • 5 月 17 日，立法院三讀通過制定《司法院釋字第七四八號解釋施行法》，並自同月 24 日施行，為亞洲同性婚姻法制化首例。
	台灣民主列車	
	第三屆台美智庫國際論壇 邁向全球化的台美關係：超越台灣海峽的合作夥伴？	

年	台灣智庫的活動	台灣與國際
2019		• 5 月 25 日，國安會秘書長李大維本月訪問美國，並與美國國家安全顧問約翰 · 波頓（John Bolton）會晤，創下自 1979 年中華民國與美國斷交後首例。 • 6 月，香港因逃犯條例引發大規模且長期的「反送中運動」。 • 7 月 11 日，總統蔡英文今日展開 12 天 11 夜的「自由民主永續之旅」，訪問加勒比海邦交國。 • 11 月 18 日臺灣與美國、日本三方軍事合作，共同監視解放軍航空母艦行經臺灣海峽。 • 12 月 13 日，立法院三讀通過修正《國家情報工作法》。同日，中央社報導，連續五年來台觀光人數破千萬。 • 漢翔與洛克希德 · 馬丁簽署策略聯盟合作協議，推動在臺灣成立 F-16 戰機亞太維修中心。 • 12 月 31 日，通過《反滲透法》。
2020	「疫情後的觀光產業發展會議」 舉辦系列「產業與創新論壇」	• 1 月 2 日，空軍黑鷹直升機於烏來區山區墜毀，包含參謀總長沈一鳴、國防部政治作戰局副局長于親文、情報參謀次長室助理次長洪鴻鈞殉職。

<table>
<tr><th>年</th><th>台灣智庫的活動</th><th>台灣與國際</th></tr>
<tr><td rowspan="7">2020</td><td>「推動國家正常化」修憲民調記者會</td><td rowspan="7">• 1 月 11 日，民進黨籍蔡英文與賴清德當選正副總統，國會由民進黨過半。
• 1 月 22 日，台灣出現武漢肺炎首例境外移入患者。
• 2 月 10 日，中共解放軍接連兩天軍機繞臺，於今天上午短暫越過臺灣海峽中線。
• 2 月 13 日，因應武漢肺炎，口罩國家隊成立。
• 3 月 19 日，因應武漢肺炎，台灣宣布進行邊境管制。
• 6 月 6 日，高雄市民罷免韓國瑜市長。
• 7 月 30 日，前總統李登輝病逝，享壽 97 歲。
• 8 月 9 日，美國衛生及公共服務部部長亞歷克斯 · 阿扎訪問臺灣，為 1979 年臺美斷交以來訪臺層級最高的美國內閣官員。
• 8 月 23 日，總統蔡英文前往金門主持八二三砲戰 62 週年公祭暨追思活動，同時美國在台協會處長酈英傑（William Brent Christensen）也前赴金門出席，成為首位出席八二三紀念活動的 AIT 處長。
• 8 月 30 日，捷克參議院議長維特齊率團訪臺，並發表演說「我是台灣人」。
• 9 月 17 日，美國國務院次卿柯拉克訪台，成為 1979 年美國與中華民國斷交以來，訪臺層級最高的現任國務院官員。</td></tr>
<tr><td>李登輝學民調記者會 _ 國際兩岸</td></tr>
<tr><td>李登輝學系列座談會 I 國際兩岸：台海危機的今昔與台灣的選擇</td></tr>
<tr><td>李登輝學系列座談會 II 憲政改革：六次憲改與台灣當前憲政課題</td></tr>
<tr><td>李登輝學民調記者會 _ 經貿戰略</td></tr>
<tr><td>李登輝學系列座談會 III 經貿戰略：戒急用忍與台灣當前經濟戰略</td></tr>
<tr><td>李登輝學系列座談會 IV 農業政策：李登輝農本主義與台灣的未來</td></tr>
</table>

年	台灣智庫的活動	台灣與國際
2020		• 11 月 20 日，首屆臺美經濟繁榮夥伴對話於華府展開，在美國國務次卿柯拉克與經濟部次長陳正祺見證下，駐美國大使蕭美琴與美國在臺協會執行理事簽署合作瞭解備忘錄，確認半導體等領域的戰略合作為雙方優先項目。
2021	李登輝學系列座談會Ⅴ民主轉型：從野百合到太陽花的公民參與	
	李登輝學民調記者會 _ 人民眼中的李登輝	
	李登輝學研討會	

釀時代27　PF0310

奔海
——台灣智庫20年

總策畫	林佳龍
作　者	石牧民、王聖芬
責任編輯	鄭伊庭
圖文排版	黃莉珊
封面設計	王嵩賀

執行單位	財團法人台灣智庫 108台北市萬華區長沙街二段96號4樓 電話：+886-2-2370 6987 https://www.taiwanthinktank.org
出版策劃	釀出版
製作發行	秀威資訊科技股份有限公司 114 台北市內湖區瑞光路76巷65號1樓 電話：+886-2-2796-3638　傳真：+886-2-2796-1377 服務信箱：service@showwe.com.tw http://www.showwe.com.tw
郵政劃撥	19563868　戶名：秀威資訊科技股份有限公司
網路訂購	秀威網路書店：https://store.showwe.tw
法律顧問	毛國樑　律師
總經銷	聯合發行股份有限公司 231新北市新店區寶橋路235巷6弄6號4F 電話：+886-2-2917-8022　傳真：+886-2-2915-6275

出版日期	2021年12月　BOD一版
定　價	360元

讀者回函卡

Printed in Taiwan

國家圖書館出版品預行編目

奔海：台灣智庫二十年/石牧民, 王聖芬著. -- 一版. -- 臺北市：釀出版, 2021.12

面； 公分

BOD版

ISBN 978-986-445-564-5(平裝)

1. 財團法人臺灣智庫 2. 歷史

546.62 110018901